光文社古典新訳文庫

帝国主義論

レーニン

角田安正訳

光文社

Title : ИМПЕРИАЛИЗМ
1917

Author : Ленин

凡例

①本書の正式な書名は、『資本主義の最高の段階としての帝国主義——一般向け概説書——』であるが、表紙のタイトルは通称に従って『帝国主義論』とした。

②括弧

（　）…（イ）基本的には原著の丸括弧はそのまま再現した。（ロ）原文において用いられていないにもかかわらず訳者が用いた丸括弧もある。それは、挿入句的な表現を訳出した場合である。（ハ）また、ごく簡単な訳註も丸括弧の中に収めた。

「　」…（イ）原著の《　》を示す。ただし、原著の《　》を再現しなかった場合もある。たとえば、populyarnyi（人気のある）という形容詞を悪い意味で使うとき、レーニンは《　》を使っているが、そのような場合は括弧をはずして、俗受けする、と訳した。（ロ）間接話法的な表現を直接話法に置き換えた場合も、鉤括弧を用いた。

『　』…書名や新聞・雑誌のタイトルを示すのに用いた。

〈　〉…レーニンが逐語訳している引用文を示す。なお、字下げで示した引用文のうち〈　〉で括られていない部分は、レーニンによる要約である。

③傍点…原文がイタリック体であることを示す。ただし、ごく一部、連続するひらがなの切れ目を明らかにするなどの目的で訳者が用いた傍点もある。
④ゴシック体…原文がゴシック体か隔字体であることを示す。
⑤マルクス＝エンゲルスそのほかの外国語文献からの引用文については、レーニンのロシア語訳をベースにして訳出した。
⑥巻末に一括して掲げた原註は、レーニンによる註である。本文中における原註番号は、＊1、＊2…のように示した。
⑦各章末に掲げた註は、訳註である。本文中による訳註番号は、（1）、（2）…のように示した。
⑧固有名詞は各国語の原音に近い表記を採用したが、慣例を優先した場合もある。
⑨訳註の都市のデータは、小林房太郎『世界地名大辞典』（南光社、一九三二〜一九三五年）に拠る。
⑩レーニンの算術計算上の微妙な間違いについては、あえて訂正をほどこさなかった。たとえば、一四四〇万人のうちの五七〇万人は、正しくは三九・六パーセントであるが、原文のまま三九・四パーセントとした（本文三五頁参照）。

資本主義の最高の段階としての帝国主義

——一般向け概説書——

目次

資本主義の最高の段階としての帝国主義

——一般向け概説書——

序文

本書は、一九一六年春にチューリッヒで執筆した。執筆の場がチューリッヒだっただけに、当然のことながらフランス語と英語の参考文献がいささか不足した。ロシア語の参考文献は、はなはだしく不足した。しかしそれでも、英語で書かれた帝国主義に関する重要文献、すなわちJ・A・ホブソンの『帝国主義論』は利用した。同書の扱いには、細心の注意を払った。それだけの価値があると確信したからである。

本書は、帝政当局の検閲に引っかからないように書いた。したがって、理論的分析、特に経済面での理論的分析に終始せざるを得なかった。そればかりではない。政治に関して必要不可欠な意見を少しばかり述べる際も、最大限に慎重な姿勢を守り、婉曲な表現や寓意的な表現を用いることを余儀なくされた。帝政時代の革命家は皆、そのような忌まわしい寓意的表現にやむなく頼ったものだ。さもなければ、「合法的な著作」を執筆することはできなかったのである。

今や、自由の時代になった。本書には、読み直すのが苦痛に感じられる箇所がある。それらの箇所は、当局の検閲を見越して事前にゆがめてあったり、鉄の万力によって締め付けられたりしている。帝国主義が社会主義革命の前夜に当たること、社会主義的排外愛国主義[1]（言葉の上では社会主義でありながら、現実には排外主義であること）が社会主義に対する完全な裏切りであってブルジョアジーに味方する行為であること、労働運動におけるそのような分裂が帝国主義の客観的な条件によってもたらされるということ――これらのことを私は、「卑屈な」言葉で論じなければならなかった。したがって、問題に関心を寄せてくださる読者諸兄にお願いしたい。一九一四年から一九一七年にかけて国外で発表した論文を再録したものを近々出版するので、それを参照していただきたい。さて、ここで特に一言触れておかなければならないのは、本書二三八ページの一節である。その一節では、資本家が、領土併合の問題に関して味方に付けた社会主義的排外愛国主義者とともに、平然と嘘をついているという事実に触れた（ちなみに、それら勢力に対するカウツキーの闘争には一貫性がない）。また、社会主義的排外愛国主義者が、自国の資本家のおこなっている領土併合を臆面もなく掩護、していることにも触れた。それらのことを検閲に通るような形で読者に説明しなければならなかった。そこで、やむなく例に挙げたのが……日本なのである！　注意深い読者には、日本というのは実はロシアのことだと、造作なく察していただけよう。また、韓国が指しているのは、大ロシア人以外の民族の居住している地域、すなわちフィンランド、ポーランド、クルランド（ラトヴィア西部地方）、ウクライナ、ヒヴァ、ブハラ、エストニアなどのことだということも察していただけよう。

私としては、本書が基本的な経済問題の解明に役立つことを願う。なにしろ、経済問題を究明しない限り、現代の戦争と政治を評価する際に判断ができないし、もっと言うなら、帝国主義の経済的本質に関する問題において評価を下すことができないからである。

著者

ペトログラード　一九一七年四月二六日

フランス語版およびドイツ語版の序文

1

すでにロシア語版序文に記したとおり、帝政当局の検閲をかいくぐることを念頭に置いて本書を執筆したのは一九一六年のことであった。今、全面的に稿を改めるだけの余裕はない。しかも、仮に余裕があったとしても、本文を書き換えるというのは恐らく妥当なことではあるまい。というのも、本書の基本的な課題は以前と変わらないからである。その課題とは、二〇世紀初め、第一次世界帝国主義戦争の直前において、世界資本主義経済の全体像が当時の国際関係に照らしていかなるものだったのかを示すことにある。全体像を描くための材料となるのは、だれの目にも明らかなブルジョア側の統計が示す総合的データや、世界中の国々のブルジョア学者が語る本音である。帝政政府の検閲の観点から合法的とのお墨付きを得たこの小著の例に基づくなら、ほんのわずかな合法的活動の余地をも利用することが可能であり、かつ必要であるということが確信できよう。そのような確信は、先進資本主義国のあまたの共産主義者にとって、部分的にはまんざら無益ではあるまい。なにしろ、そのような合法的活動の余地を利用すれば、社会平和主義者の見解や「世界民主主義」に寄せられる期待が欺瞞であることを徹底的に暴くことができるのだから。そしてそのような余地は、たとえば、共産党員がほぼ根こそぎに逮捕されたあとの、現代のアメリカやフランスにおいても、依然として残っているのである。

とはいえ、本書は出版に際して検閲を受けている。欠くことのできない補足は、この序文においてほどこしておこう。

2

本書において証明の対象としたのは、以下のことである。すなわち、一九一四～一九一八年の戦争は、同盟国側と連合国側のいずれから見ても帝国主義的な（すなわち、侵略的で略奪的な）戦争であったということである。つまりこの戦争は、世界の分割に端を発するものであった。もっと言うと、植民地や金融資本支配下の「勢力圏」の分割および再分割をめぐる戦争であった。

右の点を証明の対象としたのはなぜか。戦争がはらむ真の社会的性格、いや、もっと正確に言うなら真の階級的性格を見きわめるための材料は、言うまでもないことだが、戦争の外交史の中には見つからないからである。そしてそれを見出そうと思うなら、すべての交戦列強の国内において、支配階級がいかなる客観的な立場を占めているのかを分析しなければならない。そのような客観的な立場を描き出すためには、個別の事例や個々のデータを取り上げても無駄である（なぜなら、社会生活にひしめくさまざまな現象はとてつもなく複雑であり、したがって、いかなる命題にせよ、それを裏付ける実例や個々のデータは、いつでも好きなだけ探し出すことができるからである）。むしろ欠かすことができないのは、すべての交戦国と世界全体の経済活動の基盤に関するデータを総括的に取り上げることなのである。

一八七六年と一九一四年の世界分割の実情を説明する際、まさにそのような、論駁《ろんばく》の余地のない総括的データを引用した（第六章）。また、一八九〇年と一九一三年の世界の鉄道の分割状況を説明した際にも、同様のデータを引用した（第七章）。鉄道は、資本主義における最重要の工業部門（石炭産業と鉄鋼業）が生み出した成果であり、また世界貿易とブルジョア民主主義文明の発展ぶりを示す隠れもない指標である。鉄道は大規模産業や独占体（シンジケート[2]、カルテル[3]、トラスト[4]）、銀行、金融寡占制と結びついている。そのことは、第五章までの各章で示した。鉄道網の分布や、分布の濃淡、そして鉄道網の発達ぶりに見られるむら――それらのものは、現代独占資本主義が世界規模に達したあとにもたらされた帰結である。そして、それは次のことを示している。すなわち、生産手段の私有が存続している限り、そのような経済基盤に立ったまま帝国主義戦争を避けることは絶対にできない。

鉄道建設は一見したところ、何の変哲もない当然の事業のように見える。また、民主的かつ文化的であって、未開の地に文明をもたらす事業のように見える。ブルジョア大学教授連もプチブル的俗輩たちも、鉄道建設をまさにそのように見ている。そして前者は、資本主義的奴隷制の実態を糊塗することによって報酬を得ている。ところが現実には、鉄道建設事業は、資本主義の糸が織り成す何千もの網の目によって、生産手段一般の私的所有に結び付けられる。かくして鉄道建設は、人々を抑圧する道具と化す。抑圧を被るのは、植民地および半植民地の一〇億人もの人々や、「文明」国において資本家の賃金奴隷と化した人々である。ちなみに、一〇億人というのは、従属国の土地に居住する人口の半分以上に相当する。

小規模経営者の働きに基づく私有財産、自由競争、民主主義——これらのスローガンは、資本家とその手先である新聞・雑誌が労働者と農民を欺《あざむ》くのに使ってきたのであるが、いずれもはるか遠い過去のものとなった。資本主義は、世界的な体制へと成長を遂げた。そこでは、植民地に対する抑圧が日常化している。また、一握りの「先進」国が、地球上の圧倒的多数の住民を経済面で苦しめている。そして、そのような「戦利品」の分配が、世界的に強大な二ないし三の略奪国家（アメリカ、イギリス、日本）の間でおこなわれている。軍備で全身を固めたそれら諸国は、自分たちの戦利品の分配をめぐって自分たちの戦争を起こし、そこに全世界を巻き込むのである。

3

最初、ブレスト＝リトフスク講和条約(5)が君主国ドイツによって押し付けられた。次いで、同条約よりも過酷で陋劣《ろうれつ》なヴェルサイユ条約(6)が、アメリカ、フランスなどの「民主主義」共和国や「自由国家」イギリスによって押し付けられた。両条約ほど、人類に対して有益な働きをした条約はない。なにしろ、帝国主義に奉仕する御用文筆家の正体ばかりか、反動的小市民たちの正体をも暴いたのだから。反動的小市民ときたら、平和主義者だとか社会主義者をもって自任し、「ウィルソン主義」(7)を賛美し、帝国主義のもとで平和と改革が可能であると証明しようとしていた。

戦争は、イギリスとドイツのそれぞれの略奪的金融資本家グループのうち、どちらの取り分を多くするかをめぐって起こった。戦後、幾多の死者と傷痍《しょうい》軍人が残され、右の二つの「講和条約」が締結された。それを目撃したことから、何百万何千万もの人々が真実に対する理解を急速に深めている。彼らは、ブルジョアジーによって打ちのめされ、押しひしがれ、欺かれ、騙《だま》されてきた人々である。かくして、戦争が残した世界的な荒廃が温床となり、世界革命の危機が高まっている。それは、どれほど長く苦しい紆余曲折を経ようとも、いずれ必ずプロレタリア革命とその勝利となって終わるだろう。

第二インターナショナル(8)のバーゼル宣言が一九一二年の時点で評価の対象としたのは、ほかでもない、一九一四年に勃発したこの戦争であって、戦争一般ではない（戦争というものはさまざまであり、中には革命戦争もある）。バーゼル宣言は、第二インターナショナルの主要人物の惨憺たる破綻と背信行為をあますところなく暴露することにより、記念碑的な文書となって今日に至っている。

そこで、バーゼル宣言を本書の付録として巻末に再録し（本書二六九～二八〇頁）、あらためて読者の注意を喚起しておく。バーゼル宣言の中には、第二インターナショナルの主要人物たちがその後すこぶる用心深く触れないようにしている箇所がいくつかある。それは、「来たるべき戦争こそがプロレタリア革命と結びついているのだ」ということを克明かつ直截《ちょくせつ》に述べた箇所である。彼らはそのようなところを避けて通る。泥棒が犯行現場を避けて通るときと同様の用心深さを発揮して。

4

本書では、「カウツキー主義」[9]批判に特段の注意を払った。カウツキー主義は国際的な思潮となっており、世界各国に蔓延《まんえん》している。カウツキー主義を信奉している者を列挙すると以下のとおりである。第二インターナショナルの「錚々《そうそう》たる理論家」や指導者ら（具体的に言うと、オーストリアでは、オットー・バウアーとその一党、イギリスではラムゼイ・マクドナルドら、フランスではアルベール・トマ等々）。このほか、社会主義者や改良主義者、平和至上主義者、ブルジョア民主主義者、聖職者の中にも、カウツキー主義に傾倒する者が大勢いる。

カウツキー主義という思潮は、一面では、第二インターナショナルの堕落と腐敗の産物である。他面では、プチブルが信奉するイデオロギーの必然的な帰結でもある。プチブルは、その生活環境全般に慣れ親しむあまり、ブルジョア的、民主主義的偏見から逃れられなくなるのである。

カウツキーおよびその一派の場合、カウツキー主義に類する見解に与《くみ》するということは、マルクス主義の革命原則を完全に放棄するに等しい。かつてカウツキーは、数十年にわたってそのような革命原則を擁護し、しかも社会主義的日和見《ひよりみ》主義(10)を敵に回したときには、一段と舌鋒《ぜっぽう》を鋭くしたものだが。ちなみに、社会主義的日和見主義を支持していたのは、ベルンシュタイン、ミルラン、ハインドマン、ゴンパースらである。したがって、今日、世界中の「カウツキー主義者」が実践的な政治の場において、(第二インターナショナルすなわち黄色インターナショナルを通じて)極端な日和見主義者と団結したのは偶然ではない。また、(社会主義者を閣内に迎えた連立ブルジョア政府を通じて)ブルジョア政府に加担したのも偶然ではない。

プロレタリア革命運動一般が世界中で高揚している。それは特に、共産主義革命運動に顕著である。そのような革命運動の立場からすれば、「カウツキー主義」の理論的誤謬《ごびゅう》を分析、暴露しないわけにはいかない。平和至上主義といわゆる「民主主義」一般の状況に鑑《かんが》みるなら、そのような分析や暴露はなおさら必要である。それらの主義を信奉する連中は、マルクス主義を自任することだけはさすがにあきらめているが、しかしカウツキー一派とまったく同様のこともやってのけているのである。つまり、帝国主義の矛盾が深刻化していることや、帝国主義によって生み出される革命の危機が避けられないものであるということを隠蔽しているのである。かくして、平和至上主義と「民主主義」の思潮は、依然として非常に力強く世界中に広がっている。したがってプロレタリアートの党は、そのような思潮を相手に闘わなければならない。そして、ブルジョアジーによって欺かれている小規模経営者や、大なり小なりプチブル的生活条件に浸っている幾多の労働者を、ブルジョアジーの手から奪還しなければならない。

5

第八章「資本主義に見られる寄生と腐敗」について、若干説明しておく必要がある。

すでに本文において指摘したように、ヒルファーディングはこの問題に関して、公然たる平和主義者にして改良主義者であるイギリス人ホブソンよりも一歩後退している。ヒルファーディングは元「マルクス主義者」であり、今はカウツキーの盟友である。そして、ドイツ独立社会民主党[11]にあってブルジョア的、改良主義的政策を唱道する主要人物の一人である。労働運動全体に生じた国際的分裂（第二インターナショナルと第三インターナショナル[12]）は、今やだれの目にも明らかになった。それだけではない。二つの思潮の間で武装闘争と内戦が続いているということも明るみに出た。ロシアではメンシェヴィキ[13]と社会革命党[14]がコルチャークとデニーキンを支援し、ボリシェヴィキ[15]と闘っている。ドイツでは、シャイデマン一派とノスケの一党がブルジョアジーと手を結び、スパルタクス団[16]を敵に回して闘っている。フィンランド、ポーランド、ハンガリーなどでも事情は同じである。この世界史的現象は、どのような経済的基盤によって支えられているのだろうか。

　支えとなっているのは、ほかでもない、資本主義によくある寄生と腐敗である。それは、資本主義の高次元の歴史的段階、すなわち帝国主義に特有の現象である。本書において証明したように、資本主義のおかげで、ほんの一握りの、ずば抜けた富と実力を蓄えた国が一頭地を抜く存在となった（「一握り」とは、地球上の人口の一〇分の一以下、多めに見積もっても五分の一以下という意味である）。それら諸国は全世界を相手に、単に「金利を巻き上げる」ことによって略奪を働いている。戦前のブルジョアの統計によれば、資本輸出は当時の時価で年間八〇億から一〇〇億フランを稼ぎ出した。現在ではもちろん、額面ははるかに大きくなっている。

　当然と言えば当然であるが、このような巨額の超過利潤を利用すれば、指導的労働者や上流労働貴族を買収することが可能になる（ちなみに、なぜ「超過利潤」という言い方をするかといえば、資本家が、自分の国の労働者から搾り取る利潤以上の利潤を得ているからである）。ほかならぬ上流労働貴族が、「先進」国の資本家によって買収の標的にされている。買収のためには、ありとあらゆる手段が駆使される。直接的な手段も、間接的な手段も。また、公然たる手段も、隠然たる手段も。

　このような階層、すなわちブルジョア化した労働者ないし「労働貴族」は、その生活様式や賃金水準、世界観全体に照らすなら、完全に小市民的である。また、第二インターナショナルに対して重要な足場を提供している。今日では、ブルジョアジーを支える主要な社会的支柱にもなっている（ただし、軍事的支柱ではない）。というのも労働貴族層は、労働運動において文字通りブルジョアジーの手先となり、労働者を監督する資本家階級の代理人（labor lieutenants of the capitalist class）を務め、また改良主義と排外愛国主義を伝道する正真正銘の宣伝家となっているからである。プロレタリアートとブルジョアジーの内戦において、少なからぬ労働貴族がブルジョアジーの側に立っている。そして、ヴェルサイユ派[17]に味方し、コミューン派と闘っている。それは必然的なことである。

このような現象の根源にある経済的要因を洞察する必要がある。また、そのような現象の政治的、社会的意義を見定める必要がある。さもないと、共産主義運動と来たるべき社会革命によって課される実践的な任務を遂行する際、一歩も前進することができないだろう。

帝国主義は、プロレタリア社会革命の前夜に当たる。そのことは、一九一七年以来、世界規模で証明された。

一九二〇年七月六日

N・レーニン

訳註

1 社会主義的排外愛国主義（social-chauvinism）：第一次世界大戦当時、第二インターナショナルなど国際社会主義者運動の指導者の多くが、プロレタリアートの国際的連帯を犠牲にして、自国政府の戦争遂行政策に協力したことを指す。

2 シンジケート（syndicate）：カルテルの発展した独占形態。カルテルの各加盟企業が個別に製品を販売することを差し控え、それに代わって製品を共同販売する場合、そのカルテルはシンジケートと称される。カルテルよりも、生産割当と価格協定の拘束力が強い。

3 カルテル（cartel）：独占形態の一つ。利潤の拡大を目的として形成される企業連合。同一産業部門の企業が相互に協定を結び、それに基づいて、価格、生産量、特許の交換、労働力の雇用条件などを取り決める。協定に拘束されない領域では、加盟企業同士の競争がおこなわれる。

4 トラスト（trust）：企業合同。企業が株式の保有や役員（重役）の交換などを媒介として、同一産業部門の他の企業と結合する形態。協定に基づいて結成されるカルテルよりも、企業相互の結びつきが強い。カルテル以上に効果的に競争を排除するので、市場独占の度合いが高くなる。

5 ブレスト＝リトフスク講和条約：第一次世界大戦末期の一九一八年三月三日、ソヴィエト政権がドイツを始めとする同盟国側との間で締結した単独講和条約。この条約によりソヴィエト・ロシアは、バルト地域、ウクライナ、ポーランド、フィンランドを失い、さらにその後、六〇億マルクの賠償金の支払いも義務付けられた。

6 ヴェルサイユ条約：第一次世界大戦後に連合国がドイツとの間で締結した講和条約。ドイツはこの条約にしたがって、全植民地を放棄したばかりか、アルザス＝ロレーヌを始め、周辺諸国に対する領土の割譲を余儀なくされた。ドイツはまた、莫大な賠償金（一三二〇億マルク）も課せられた。

7 ウィルソン主義：アメリカのウィルソン大統領が第一次世界大戦末期の一九一八年一月に提唱した戦後処理原則（全部で一四ヵ条から成る）を指す。民族自決、無併合・無賠償、勝利なき平和などを骨子とする。他の諸国の支持を集めることができず、国際連盟の結成以外にはさしたる成果を上げられなかった。

8 第二インターナショナル：第一インターナショナル（国際労働者協会）の後継組織とし

て、ヨーロッパ各国の労働組合と社会主義政党が結成した労働団体（一八八九～一九一四年）。マルクス主義に基づくプロレタリアートの組織として発展したが、指導者エンゲルスが一八九五年に亡くなると、組織の指導権は、いわゆる日和見主義者（修正主義者）が握った。一九一四年に第一次世界大戦が始まると、戦争反対の方針を貫徹できずに崩壊。第三インターナショナルを赤色インターナショナルと呼ぶのに対し、第二インターナショナルを黄色インターナショナルと称することもある。

9 カウツキー主義・カウツキーの革命理論。資本主義崩壊の必然性を説き、革命を唱える点でマルクス主義的。しかしその一方、革命を宿命的決定論として把握し、革命を遂行するプロレタリアートの主体的な役割を軽視した点で、マルクス主義と一線を画す。

10 日和見主義《ひよりみしゅぎ》・マルクス・レーニン主義用語。暴力革命に否定的な、議会制民主主義を目指す労働者および理論家の思想や行動を指す。レーニンら、階級闘争を通じて社会主義革命とプロレタリアート独裁の実現を図ろうとする勢力の側が盛んに用いた蔑称。

11 ドイツ独立社会民主党・第一次世界大戦中の一九一七年四月に、ドイツ社会民主党内の反戦派が、戦争協力の姿勢を崩さない主流派に反発して分離独立して結党した。同党左派に位置するスパルタクス団は、のちにドイツ共産党を結成（一九一八年）。右派は一九二二年に社会民主党に復帰した。

12　第三インターナショナル：正式名称は共産主義インターナショナル。略して、コミンテルン。ロシア革命を成功に導くためには世界革命を起こすことが必要との判断に基づき、ボリシェヴィキ（ロシア共産党）の主導で、一九一九年にモスクワで創設された国際的社会主義組織。

13　メンシェヴィキ：ロシア社会民主労働党の中で、同党を大衆的労働者党とすべきであると主張した一派。「少数派」を意味する。一九一七年四月まではボリシェヴィキと共闘関係にあったが、プロレタリア革命支持に回ったボリシェヴィキが一〇月に武装蜂起して権力を握る（一〇月革命）と、その弾圧にさらされ、消滅に至った。

14　社会革命党：ロシア語表記の頭文字に基づいて、エスエルとも称される。ナロードニキの系譜に連なる勢力。結党は一九〇一年。運動目標の一つに土地の社会化を掲げ、農民の支持を得た。一九一七年の二月革命後、連立政権に参加。同年の一〇月革命後、ボリシェヴィキとの抗争に敗れる。

15　ボリシェヴィキ：ロシア社会民主労働党が一九〇三年ブリュッセルでの第二回党大会で、党組織のあり方をめぐって二つに割れたとき、党員を職業革命家に限るべきと主張した一派の自称。「多数派」を意味するが、当初から多数派だったわけではない。一九一七年の二月革命（ブルジョア革命）のあと、ブルジョア革命をプロレタリア革命に転化すべしとのレーニンの主張（「四月テーゼ」）を受けて、一〇月に武装蜂起、政権を実力で奪取した（一〇月革命）。一九一八年春、ロシア共産党（ソ連共産党の前身）を名乗った。

16　スパルタクス団：カール・リープクネヒトやローザ・ルクセンブルクら、ドイツ社会民主党内の最左派が一九一六年に結成した党内の分派。一九一七年の独立社会民主党の結党に参加し、その主流派を形成。翌一九一八年の暮れに同党の少数派と訣別して、ドイツ共産党に衣替えした。

17　ヴェルサイユ派：ここでは、「反革命派」の意味。一八七一年三月、パリで民衆と労働者が蜂起し、共和政の政権を樹立した（パリ・コミューン）のに対し、同年五月、ヴェルサイユを拠点とする中央政府が軍隊を送り込んでこれを鎮圧した事実に由来する表現。「コミューン派」は「革命派」を意味している。

経済や政治を扱った欧米の出版物に目を通すと、現代の時代的特徴を明らかにしようとして「帝国主義」という概念を考察する文献が次第に多くなっていることが分かる。そうした傾向は、この一五〜二〇年の間、特に米西戦争[1]（一八九八年）と南ア戦争[2]（一八九九〜一九〇二年）以後の時期に目立つ。たとえば一九〇二年、イギリスの経済学者J・A・ホブソンの著書『帝国主義論』がロンドンとニューヨークで出版された。ホブソンは、ブルジョア社会改良主義と平和至上主義の立場に立脚し、本質的には元マルクス主義者K・カウツキーの現在の立場に与《くみ》している。にもかかわらず、帝国主義の基本的な経済的政治的特徴をなかなか見事に、また詳しく説明している。一九一〇年にはウィーンで、オーストリアのマルクス主義者ルドルフ・ヒルファーディングの『金融資本論』が刊行された（ロシア語訳は一九一二年にモスクワで出版）。ヒルファーディングは、貨幣理論の問題において間違いを犯しているし、またマルクス主義と日和見《ひよりみ》主義の宥和を図ろうとする傾向が幾分見られる。それにもかかわらず同書は、「資本主義の最新の発達段階」（『金融資本論』の副題）を理論的に分析するものとなっており、その点では最高水準の価値を具《そな》えている。ここ数年、帝国主義論がにぎやかである。特に、新聞や雑誌ではおびただしい数の論説記事において帝国主義が論じられている。各種の決議文にも帝国主義論が盛り込まれている。たとえば、ケムニッツ(3)におけるドイツ社会民主党大会や第二インターナショナルのバーゼル大会(4)(いずれも、一九一二年の秋に開催)で採択された決議がそうである。だが、それらの帝国主義をめぐる議論は本質的に、右の二つの文献において述べられた――いやもっと正確に言うなら総括された――考えの枠を越えるものではない……。

以下、帝国主義の経済面におけるさまざまな基本的特徴の相互関係を、できるだけ平易な形で簡潔に述べてみたい。経済以外の側面は、検討するに値するとはいえ、本書においては深入りするには及ぶまい。なお、引用およびその他の註で、必ずしもすべての読者の関心を惹《ひ》かないと思われるものは、本書末尾に置くこととする。

訳註

1　米西戦争：一八九八年に米国とスペインとの間で起こった戦争。スペインが、独立を求めたキューバに対して圧制を強めたとき、キューバと経済的に緊密な関係にあった米国が干渉したのが発端。米国は圧倒的勝利により、キューバ独立ばかりか、それまでスペイン領だったプエルト・リコ、グアム、さらにはフィリピンの割譲をも勝ち取った。

2 南ア戦争：ブール戦争とも言う。アフリカ大陸を縦断する形で植民地領有を拡大しつつあったイギリスが一八九九年、南アフリカにおいてブール人（オランダ人入植者の子孫）の経営するトランスヴァール共和国およびオレンジ自由国を相手に仕掛けた戦争。一九〇二年、イギリスは両共和国の独立を奪い、両国の主要産物であるダイヤモンドと金を支配下に収めた。

3 ケムニッツ（Chemnitz）：人口約三四万人。機械と織物の産地。東ドイツ時代は、カール・マルクス・シュタートと称された。

4 ドイツ社会民主党：一八七五年結党の社会主義労働者党を前身とする。一八九一年の党綱領は『共産党宣言』の影響を受け、マルクス主義的な社会主義革命路線を打ち出したが、党の実際の行動は、議会を通じて社会改良を目指す修正主義（日和見主義）の傾向を示した。第一次世界大戦中はドイツ政府の戦争遂行を支持し、第二インターナショナルの破綻を招いた。

第一章　生産の集中化と独占の出現

工業が飛躍的な成長を遂げている。また、生産が大企業に集中していく過程が、いちじるしく急速に進んでいる。そして、それら大企業の規模は拡大の一途をたどっている――。これは、資本主義の最大の特徴の一つである。この過程を示す遺漏のない正確なデータは、現代の工業統計の中に見出せる。

たとえばドイツでは、第二次産業の企業一〇〇〇社当たりの大企業（雇用労働者五〇人以上）の数は、一八八二年に三社だったのが、一八九五年に六社、一九〇七年には九社に増加している。労働者一〇〇人のうち、大企業に勤務する労働者の人数は、右の各年に二二人、三〇人、三七人という具合に伸びている。しかし、生産の集中は労働者の集中よりもはるかに急激である。なぜなら、労働生産性は大企業のほうがずっと高いからである。そのことは、蒸気機関および電気発動機のデータが証明している。ドイツにおいて産業と呼ばれているもの、すなわち商業や運輸などを含めた広義の産業を取り上げてみよう。すると、次のような図が見て取れる。企業の数は合計で三二六万五六二三社。そのうち大企業は三万五八八社で、全体のわずか〇・九パーセント。ところが大企業に勤務する労働者は、全労働者一四四〇万人のうち五七〇万人で、三九・四パーセント。蒸気機関について言うと、八八〇万馬力のうち大企業が占めているのは六六〇万馬力で、全体の七五・三パーセント。電気発動機については、一五〇万キロワットのうち一二〇万キロワット、すなわち全体の七七・二パーセントが大企業の持ち分となっている。

全体の一〇〇分の一足らずの企業が、蒸気動力および電気動力の四分の三以上を所有している勘定になる！　ところが、雇用労働者五人未満の小企業二九七万社は、全企業数の九一パーセントを占めていながら、蒸気および電気の動力に占める率ではわずか七パーセントなのである！　数万社の大企業がすべてであり、何百万もの小企業は無に等しい。

一〇〇〇人以上の労働者を擁する企業は、ドイツでは一九〇七年現在、五八六社を数える。それら大企業の手中には、総労働者数のほぼ一〇分の一、蒸気および電気の動力のほぼ三分の一（正確には三一パーセント）が握られている。[*1] 貨幣資本と銀行に支えられているだけに、ごく少数の大企業のこうした優位は一層圧倒的なものとなっている。その際、数百万社の中小企業、さらには大規模な「支配的企業」の一部ですら、実体的に、金融資本を握る何百人かの大富豪に完全に隷属している。

現代資本主義を体現するもう一つの先進国、アメリカ合衆国では、生産の集中はもっと強烈に進んでいる。ここで引用する統計は、狭義の産業すなわち工業を対象としている。そして、企業を分類する尺度は、年間の生産額である。一九〇四年、年間生産額一〇〇万ドル以上の大企業は、一九〇〇社（総企業数二一万六一八〇社の〇・九パーセント）。それら大企業の抱えている労働者は一四〇万人（総労働者数五五〇万人の二五・六パーセント）で、生産額は五六億ドル（全国工業生産一四八億ドルの三八パーセント）であった。ところが五年後の一九〇九年、大企業のそれぞれの指標は、次のようになった。企業数三〇六〇社（総企業数二六万八四九一社の一・一パーセント）、労働者数二〇〇万人（総労働者数六六〇万人の三〇・五パーセント）、生産額九〇億ドル（全国工業生産二〇七億ドルのうちの四三・八パーセント）。[*2]

一国の全企業が生み出す生産額のうちほぼ半分を、総企業数のわずか一パーセントの企業が握っているのである！　そして、これら三〇〇〇社の巨大企業は、二五八の工業部門を牛耳《ぎゅうじ》っている。このことから明らかなことであるが、生産の集中はその進行過程の一定段階に至れば、何もしなくても独占のすぐそばに、(比喩的に言うなら)近寄ってくるのである。なぜならば、巨大企業の数が数十にまで絞り込まれていれば、それら企業にとって相互協定を結ぶことは容易になるし、一方、企業の大規模化が引き金となって、競争の停滞と独占への傾斜が起こるからである。このように競争が独占へと変容するということが、最新の資本主義に到達した経済の、最重要とは言えないにしてもかなり重要な現象となっている。したがって、その点を詳しく検討しないわけにはいかない。しかし、その前に誤解を一つ正しておかなければならない。

アメリカの統計によれば、二五〇の工業部門に三〇〇〇社の巨大企業がある。あたかも各部門に巨大企業が一二社ずつ存在しているかのようだ。

ところが、それは事実に反する。実は、各々の部門が大企業を擁しているというわけではない。見方にもよるが、発達の最高段階に達した資本主義のきわめて重要な特徴は、いわゆる複合化である。複合化とは、ある一つの企業の中にさまざまな工業部門が抱き合わせになっている状態を指す。それぞれの工業部門は、(一)原料加工の各段階を担当するか、あるいは、(二)相互に補助的な役割を果たしている。前者の場合、製鉄を例にとると、鉄鉱石を溶解して銑鉄《せんてつ》を造る製銑工程、銑鉄を精錬して粗鋼を製造する製鋼工程、そして粗鋼から製品を製造する加工工程などの工程がある。後者すなわち(二)の例としては、廃棄物および副産物の処理や包装材料の生産などがある。

ヒルファーディングは『金融資本論』において次のように述べている。

〈企業が複合化すれば、好景気と不況の落差が緩和され、したがって利益率の一定性が保たれやすくなる。第二に、複合化によって他の企業との商取引が不要になる。第三に、技術的な改良が可能になり、したがって、「純粋な企業」(すなわち、複合的でない企業)と比べて余分に利益が得られる。第四に、複合企業の立場は「純粋な企業」よりも強靭になる。そして、深刻な不況(景気の失速や恐慌)に見舞われたとき、市場をめぐる闘いにおいて優位に立つことができる。なにしろ不況時には、原料価格の下落が起こるけれども、それは製品価格の下落よりも遅れるのだから[*3]〉

ドイツのブルジョア経済学者ハイマンは、ドイツの製鉄業における「混合企業」すなわち複合企業について論じるために一書を著している。ハイマンはその中で、次のように述べている。〈純粋な企業は、製品価格を引き上げられないまま原料価格の高騰に翻弄されて破綻する〉。かくして、ドイツ製鉄業は次のような様相を呈する。

〈その一方で、生き残った企業もある。巨大石炭採掘会社がそれである。それらの会社は数百万トンの生産量を誇り、それぞれ石炭企業連合《シンジケート》を従え、その連合体の中で自社の組織を固めている。次いで、石炭採掘企業と緊密な関係をもつ巨大製鉄工場も、各々の製鉄企業連合《シンジケート》を率いて生き残っている。これらの巨大企業は、年間四〇万トンの鉄鋼を生産し、莫大な量の鉄鉱石と石炭を採掘し、鉄鋼を原料としてさまざまな製品を生産する。また、工員宿舎のバラック寮に住む一万人の労働者を擁している。場合によっては、自前の鉄道や港を所有していることもある。このような企業は、ドイツ製鉄業の典型である。しかも、こうした生産の集中化はとどまるところを知らない。個々の企業はますます巨大化していく。一つの産業分野において、あるいは複数の産業分野にまたがって巨大企業に吸収されていく企業の数は、増加の一途をたどっている。それら巨大企業は、ベルリンの六大銀行が支え、かつ指導している。ここに、ドイツ鉱業に関するカール・マルクスの集中化の学説の正しさが見事に立証された。疑いの余地のないことであるが、マルクスの学説は、産業を保護主義的な関税と運賃率によって守っている国に当てはまる。ドイツの鉱業は今や、国家による接収の対象になりかねないほど十分に成熟している〉*4

ハイマンはこのような結論に達することを余儀なくされた。ブルジョア経済学者であっても例外的に良心的な学者だからである。ここで断っておかなければならないが、ハイマンはドイツの産業が高率の保護関税で守られていることを念頭に置いてドイツを特別扱いしている趣《おもむき》がある。しかし高関税は、企業集団が凝縮し、独占的同盟やカルテル、シンジケートなどを形成するのを加速しただけのことである。きわめて重要なことだが、自由貿易の国イギリスでもやはり集中化にともなって独占が進みつつある。ただイギリスの場合は、独占の到来が幾分遅いし、独占の様相もドイツとは異なっているようではあるが。ヘルマン・レヴィ教授は『独占企業、カルテル、トラスト』という題名の専門書の中で、イギリスの経済発展に関するデータに基づいて、次のように述べている。

〈イギリスでは、企業の規模が大きく、技術的水準が高い。まさにそのことが原因となって、独占が発生する傾向がある。一方では、集中化が進んだために、企業に対して巨額の資本を投下しなければならなくなっている。したがって、必要な資本を調達するという意味で新規企業に突きつけられた要求は、厳しくなるばかりである。その結果、新規企業の登場は難しくなっている。他方では（こちらの点のほうが重要だと思われるが）、各新規企業は、集中化の結果として出来上がった巨大企業の水準に迫りたいと願うならば、とてつもなく大量の製品を生産しなければならない。ところが、そのような莫大な製品を売りさばいてしかも利益を得ようとするなら、途方もなく大きな需要がなければならない。さもないと、製品が過剰であるために価格が下落し、そのことは新規工場にとっても、独占企業集団にとっても不利なものになってしまう〉。イギリスではたいていの場合、競合する主要企業の数が二〇あまりに絞られてようやく、独占的企業団体〈カルテルやトラスト〉が発生する。ところが諸外国では、イギリスとは異なって、保護関税が実施されているためにカルテル化がたやすく進む。〈ここイギリスの大規模産業では、集中化の影響を受けて初めて、だれの目にも明らかな独占が発生する〉*5

マルクスが半世紀前に『資本論』を執筆していたとき、圧倒的多数の経済学者にとって自由競争は「自然法則」と思われていた。だから、官製の学問の側では『資本論』を黙殺しようとした。だが『資本論』は、資本主義を理論と歴史の両面から分析し、次のことを証明した。すなわち、「自由競争は生産の集中化を生み、そしてその集中化は、一定の段階に達すると独占へとつながっていく」ということである。今や、独占は既成事実となったのである。経済学者たちは、山をなすほど大量の本を書いて独占の個別事例を描き出している。そして、「マルクス主義は論駁された」と異口同音に唱え続けている。しかし、事実というものは、英語のことわざにも言うように、曲げられないものである。だから、事実を検討することは、好むと好まざるとにかかわらず必要である。事実が示しているのは次のことである。すなわち、個々の資本主義国同士の違いは、「保護主義か、それとも自由貿易か」といった点に見られるが、それによって生じるのは、独占の形態あるいは独占の到来時期に見られる瑣末な違いにすぎない。ところが、生産の集中化にともなって独占が発生するということは、普遍的かつ基本的な法則である。そして、資本主義の発達の現段階は、広くその法則によって支配されているのである。

新型の資本主義が最終的に旧来の資本主義に取って代わったのはいつのことだろうか。ヨーロッパの場合、その時期は、かなり正確に特定することができる。ほかでもない、二〇世紀の初頭である。「独占企業の形成史」の研究をまとめた最新刊の書物をひもといてみると、次のような件《くだり》がある。

〈一八六〇年以前の時代を対象として、資本主義的独占の散発的な事例を拾い上げることは可能である。また、それら独占企業に、今ではごく普通のものとなった独占形態の萌芽を見出すこともできよう。しかし、それらはいずれも、言うまでもなくカルテルの前史時代の話である。現代の独占が本格的に始まったのは、早くとも一八六〇年代。一方、独占の最初の重要な発達期は、一八七〇年代に産業が国際的に沈滞したときに始まり、一八九〇年代初頭の時期に及ぶ〉。〈事態をヨーロッパ規模で見るなら、自由競争の発達が極限に達したのは、一八六〇年代から七〇年代にかけてのことである。その頃イギリスでは、すでに旧式の資本主義的構造の建設が完了していた。ドイツでは、資本主義的構造が手工業および家内工業との決戦段階に入り、おのれの存在形式を着々と整え始めたところだった〉。〈大変革の起こりは、一八七三年の大暴落にある。いや、もっと正確に言うなら、その後ヨーロッパの経済史を二二年にわたって覆った不況にある。景気はその間、一八八〇年代初めに底を打つような気配をかすかに見せた。また、一八八九年前後には、いつになく力強く浮揚した。だが、それは短期間しか続かなかった〉。〈一八八九〜一八九〇年の景気浮揚期には、景気変動に乗ずるためにカルテルが大いに利用された。浅はかな策が講じられた結果、カルテルが存在しなかった場合と比べて急速かつ大幅に価格が上昇した。そして、それらのカルテルはいずれも、「暴落という墓」の中で不名誉な最期を遂げた。不景気と価格低迷がさらに五年続いた。だが、産業界を支配していたのは、以前の空気ではなかった。不況はもはや当然視されていなかった。新たな好況の前の休止期間にすぎないと見られていたのである。

〈かくして、カルテルの運動はその第二段階に突入した。カルテルは、一時的な現象ではなく、経済活動全体の基盤の一部へと変容していく。そして、原料加工業を筆頭に各産業分野を次々に手中に収めていく。そして、早くも一八九〇年代初めには、石炭シンジケートのひな形となるコークスのシンジケートを構築し、その過程でカルテルと呼ばれるにふさわしい技術を身に付けた。その技術はカルテルの運動にとって、本質的に改善の余地がないほど高度のものだった。一九世紀末のにわか景気と一九〇〇年から一九〇三年にかけての恐慌は、少なくとも鉱業と製鉄業に関して言うなら、カルテルが初めて遺憾なく存在感を発揮する中で起こっている。それは、当時まだいくらか新奇なものに見えた。だが今では、一般的に経済活動の重要な部分は自由競争の対象からはずされており、そのことは社会において、ごく当然の真理と受け止められている〉[*6]

したがって、独占企業の歴史を総括すると、おおよそ次のようになる。（一）一八六〇年代および一八七〇年代は、自由競争が最高度に、つまり極限まで発達した段階である。独占企業はかろうじて目につく程度にすぎず、まだ揺籃期にあった。(二)一八七三年の大暴落のあと、カルテルの発達期が長期にわたって続く。しかし、カルテルは依然として例外的であった。まだ足場が固まっておらず、過渡的な存在であった。(三)一九世紀末に景気浮揚が、次いで一九〇〇年から一九〇三年にかけて恐慌が起こる。この時期、カルテルは経済活動全体の基盤の一部となる。資本主義は変容を遂げ、帝国主義となった。

カルテルは販売条件や決済期限などについて相互に取り決めを結び、販路を分かち合う。また、製品の生産量の申し合わせをおこない、価格を定め、企業相互の間で利益を配分する。

ドイツにおけるカルテルの数は、推定によれば、一八九六年の時点でおよそ二五〇。一九〇五年時点では三八五になり、その傘下には約一万二〇〇〇の企業があった。[*7]しかし、だれもが認めることであるが、右の数字は、実態よりも少なめである。一九〇七年のドイツの工業統計に示された上述のデータから明らかであるが、一万二〇〇〇社の大企業だけで、蒸気および電気による動力を合計したもののうち、おそらく半分以上を手中に握っていたのである。アメリカ合衆国では、トラストの数は一九〇〇年では一八五。一九〇七年では二五〇と推定されていた。アメリカの統計では第二次産業の企業を三種類に分類している。すなわち、(一) 個人の会社、(二) パートナーシップ、(三) 株式会社などの有限責任会社、である。有限責任会社は、一九〇四年の時点において企業総数の二三・六パーセントで、一九〇九年には二五・九パーセント（企業総数の四分の一強）であった。それら企業の労働者は、一九〇四年の時点で労働者総数の七〇・六パーセント。一九〇九年には七五・六パーセント（全体の四分の三）であった。生産額は一〇九億ドル（一九〇四年）と一六三億ドル（一九〇九年）で、これは比率で言うと、それぞれ総生産額の七三・七パーセントと七九・〇パーセントである。

当該の産業部門の総生産量のうち一〇分の七ないし八がカルテルやトラストに集中するというような事態も、まれなことではない。ライン＝ヴェストファーレン石炭シンジケートは、一八九三年に結成された際、同地方の石炭生産量の八六・七パーセントを占有していた。一九一〇年になると、占有率は早くも九五・四パーセントに達した。[*8]

このようにして独占が形成されることにより、巨額の収入がもたらされ、恐るべき規模の工業生産単位の形成が進む。合衆国の有名な石油トラストであるスタンダード・オイルは、一九〇〇年に結成された。

〈スタンダード・オイルの授権資本は一億五〇〇〇万ドルだった。普通株が一億ドル分、優先株が一億六〇〇〇万ドル分発行されていた。優先株に対して、一九〇〇年から一九〇七年にかけて総額で三億六七〇〇万ドルの配当金が支払われた。各年次の配当率(パーセンテージ)を順に示すと、四八、四八、四五、四四、三六、四〇、四〇、四〇である。一八八二年から一九〇七年までに八億八九〇〇万ドルの純益が得られ、その中から六億六〇〇〇万ドルが配当金に充てられた。残額は準備金に回された〉[*9]。〈製鉄トラスト、USスチールの傘下の企業で働く工員および事務員は一九〇七年の時点で、少なくとも二一万一八〇〇人いた。ドイツの鉱業部門で最大手のゲルゼンキルヘンは、一九〇八年、工員と事務員を合わせて四万六〇四八人を擁していた〉[*10]

すでに一九〇二年の時点で、USスチールの鉄鋼生産量は九〇〇万トンであった。[*11]

アメリカの鉄鋼生産におけるUSスチールの占有率は、一九〇一年に六六・三パーセント、一九〇八年には五六・一パーセントだった。[*12] 鉄鉱石の採掘量に占める割合は、右のそれぞれの年に、四三・九パーセント、四六・三パーセントであった。

米政府のトラスト調査委員会の報告には、次のように述べられている。

〈トラストが競争相手の企業に対して優位に立つのは、トラスト企業の規模が巨大で、しかも技術が優れているからである。「タバコ・トラスト」では、トラスト結成当初から全力で各部署の作業を大幅に機械化しようと努めてきた。その目的に向けて、原料の加工に少しでも関係のある特許はすべて買い取り、そのために巨費を投じた。大部分の特許は当初、使い物にならなかった。タバコ・トラストに勤務しているエンジニアはそれらの特許に手を加えなければならなかった。一九〇六年の末、特許の取得を専門とする子会社が二つ設立された。同じく機械化のためにタバコ・トラストは、自前の鋳物工場や機械工場、修理工房を設立した。ブルックリンにあるこの種の生産施設では、平均三〇〇人の労働者を使用している。ここでは、紙巻きタバコや両切り葉巻、嗅ぎタバコ、それに加えて包装用の銀紙やパッケージなどの試作をおこなっている。また、試作品の改良もおこなっている〉[*13]。〈ほかのトラストも、技術開発を担当する技師を雇っている。それら技師の任務は、新たな製造法を開発し技術改良をおこなうことにある。USスチールは、自社のエンジニアや工員が技術の向上あるいは出費の削減につながる新機軸を発案した場合、高額の報奨金を支払っている[*14]〉

ドイツの重要な産業、たとえば化学産業においても、技術革新は同様のやり方でおこなわれてきた。ドイツの化学産業は過去数十年の間に飛躍的な発展を遂げた。生産の集中化が進んだ結果、化学産業では早くも一九〇八年に二つの主要な集団が出来た。それらの集団はドイツ化学業界に独特の流儀ながら、これまた独占に近づきつつあった。この二集団は当初、それぞれ二つの巨大工場から成る二社同盟を形成していた。各工場の資本金は二〇〇〇万マルクないし二一〇〇万マルクだった。二社同盟のうち一組は、ヘーヒスト[1]の旧マイスター工場とフランクフルト（ヘッセン州）のカッセラ工場。もう一組は、ルードヴィヒスハーフェン[2]のアニリン染料および苛性ソーダの工場と、エルバーフェルト[3]の旧バイエルン工場であった。その後、一九〇五年に一方の企業集団が、そして一九〇八年にはもう一方の企業集団も、それぞれもう一つの巨大工場と協定を結んだ。かくして、二つの三社同盟が成立した。それぞれの企業同盟の資本金は四〇〇〇万マルクないし五〇〇〇万マルクであった。二つの企業同盟が成立すると、早くも両者が「接近する」とか、価格そのほかの条件に関して「談合する」などの現象が始まった。*15

競争は独占へと変容する。生産の統合が飛躍的な前進を遂げ、特に、ほかならぬ技術革新のプロセスが統合される。

これはもう、旧来の自由競争とはわけが違う。かつての自由競争の主体は、細分化されていて相互に面識のない経営者たちであった。それら経営者は、未知の市場で製品を販売するために生産活動にいそしんだものだ。ところが今では生産の集中が高度に進み、一国単位で原材料（たとえば、鉄鉱石）がどれほど必要になるか、おおよその見積もりを出すことが可能である。それは、後述するように、複数の国を単位とした場合でも、あるいは世界全体を対象とした場合でも同じことである。原材料は、見積もりの対象となっているだけではない。それは、巨大で独占的な企業同盟の手中にあますところなく収められようとしている。市場規模も、おおよそ見当をつけることができる。というのも市場は、企業同盟が相互に協定を結んで「分割している」からである。企業同盟は熟練労働者を独占し、腕利きのエンジニアを雇い、アメリカでは道路と交通手段を支配下に置き、ヨーロッパとアメリカでは船舶を手中に収めている。資本主義が帝国主義の段階に達すると、生産が社会全体にかかわるようになるのは必至である。そして資本家は、その意志と意識にかかわらず、ある種の新しい社会秩序へと引きずり込まれる。それは、競争が完全に自由だった時代が終わってから、生産が社会全体を組み込むまでの過渡的な秩序である。

生産は、社会全体に関係するものとなる。しかし、収奪は依然として個別的である。生産手段は、社会的存在になったとはいえ、相変わらず少数の人々の私有財産である。公認されている自由競争は大枠として残っており、少数の独占資本家が一般住民に加える圧迫は、百層倍も重苦しく、はなはだしく、そして堪えがたいものとなる。

ドイツの経済学者ケストナーは、「カルテルと部外者との闘い」をテーマとして単行本を著した。ここで言う部外者とは、カルテルに加盟していない企業のことである。ケストナーは本の題名を『強制的な組織形成』とした。だが言うまでもなく、資本主義を粉飾するつもりがないのであれば、むしろ、『屈従を強いる独占資本家の同盟』

とでも題するべきだったのだ。現代の、つまり最新の、洗練された「組織形成のための闘い」においては、さまざまな手段が利用されている。ケストナーは自著の中で、それらの手段を列挙している。せめてそこだけでも目を通すと有益である。それらの手段は、要旨以下のとおりである。

（一）原材料の供給を停止すること（「……カルテルへの加盟を強制する最重要の手法の一つ」）。（二）「協定」によって労働力の供給を停止すること（「協定」とは、資本家と労働組合との取決めのことで、それを結ぶと労組は、カルテル企業以外の企業では仕事を引き受けることができない）。（三）輸送を停止すること。（四）販路を奪うこと。（五）買い手に、カルテル以外の相手と商取引しないと約束させること。（六）価格を計画的に引き下げること（「部外者」――すなわち、独占資本家に服従しない企業――を倒産に追い込むべく、巨額の資金を投入し、一定期間、原価以下の価格で販売を続けること。たとえばガソリン業界では、価格が四〇マルクから二二マルクへ、つまりほぼ半額に！引き下げられた例がある）。（七）信用の供与を停止すること。（八）不買を宣言すること。

我々が目の当たりにしているのは、もはや小規模企業と大企業の競争とか、技術的に遅れた企業と進んだ企業との競争などではない。眼前に見られるのは、独占体に反抗し、独占資本家による迫害と専横に抵抗した人々が、独占資本家の手にかかって息の根を止められる図である。ブルジョア経済学者ケストナーの意識の中では、このプロセスは次のように受け止められている。

〈純然たる経済活動の分野ですら、従来の意味での商業活動から組織的な投機活動への移行が、多少なりとも起こっている。最大の成功を収めているのは商業経営者ではなく、投機の天才（!?）である。前者つまり商業経営者は、事務および商取引の経験に基づいて、何よりも購買者の需要を見きわめる。また、潜在的な状態にある需要を見つけ、「開拓する」。ところが投機の天才は、組織化の進展動向や、個々の企業と銀行が何らかの形で結びつく可能性を事前に予測する能力、あるいは少なくとも予知する能力を具えているのである〉

これを、血の通った言葉に言い換えると、次のようになろう。
資本主義の発達は極限に達している。すなわち、商品生産は依然として「支配的」な立場にあって経済全体の基盤と見なされているが、現実にはすでに破綻をきたし、なことに、資本主義経済の主たる利益は、金融を操作する「天才ども」の手に渡っているのである。このような操作や詐欺行為を梃子《てこ》として、生産は社会全体を動かすに至った。一方、そうした結果を招いたために人類は、飛躍的な進歩を遂げながら、その恩恵を投機家に吸い取られているのである。小市民的な反動的批評家たちは「それを根拠として」、資本主義的帝国主義を批判する際に、「自由競争」「平和的競争」「まっとうな競争」に立ち返ることを夢見ている。以下、その有様を見てみよう。

ケストナーは次のように述べている。

〈カルテルが形成されたことにより長期にわたって価格が上昇しているのは、最重要の生産手段（特に石炭、鉄、酸化カリウム）だけである。ところが、末端の製品の場合、価格の上昇はまったく見られなかった。カルテルの形成に連動する収益の上昇もやはり、生産手段を生産する産業にしか見られなかった。それ以外にも、見逃せないことがある。すなわち、（半製品ではなく）原材料を加工する産業は、カルテルの形成のおかげで高利潤という恩恵に浴し、その際、半製品の加工にたずさわっている産業を犠牲にするのであるが、それにとどまらず、後者を一

定程度、支配関係の下に置くということである。そのような支配関係は、自由競争のもとでは存在しなかった〉[*16]

傍点を付して強調した言葉は、問題の核心を示している。そこは、ブルジョア経済学者が認めたがらないか、あるいは滅多に認めない論点である。また、K・カウツキー率いる現代の日和見主義擁護者が忌避し、敬遠しようと躍起になっている急所でもある。支配とそれにともなう暴力――この二つの要素が結合していることこそ、「資本主義の最新の発達段階」に特徴的な現象である。それはまた、全能の経済的独占体の形成にともなって必然的に起こることであり、実際に起こったことである。

経済カルテルの実例をもう一つ挙げてみよう。原材料の全部あるいは主要部分を手中に握ることができる場合は、カルテルの発生と独占体の形成は格段に容易になる。しかし、「他の産業部門でも、原材料の独占が不可能である限り独占体は発生しない」と考えるなら、それは誤りであろう。セメント産業では、原材料はどこにでも見つかる。しかし、そのセメント産業ですら、ドイツでは極度にカルテル化されているのである。複数の工場が連合して、南ドイツ・シンジケートやライン＝ヴェストファーレン・シンジケートなど、地域シンジケートを形成している。価格は固定され、独占価格となっている。すなわち、車両一杯分の価格は、原価では一八〇マルクなのに、何と二三〇～二八〇マルクに上《のぼ》っているのである！ 各企業は一二～一六パーセントの配当を出している。しかも、忘れるわけにはいかないのは、現代の投機の「天才たち」が、配当以外にも多額の利益をおのれの懐に収めているという事実である。かくもうまみのある産業から競争をなくそうと、独占資本家たちは詭計《きけい》まで用いる。たとえば、セメント業界の内情がかんばしくないという虚報を流したり、新聞に次のような匿名の警告を載せたりする。「資本家諸君、セメント事業に資本を投入するのは考えものである」。そしてついには、「部外者」（すなわち、シンジケートに加盟していない企業）の工場を買い占め、その補償として、六万マルクとか八万マルクとか、さらには一五万マルクといった額の金を支払うのである。[*17] 独占体は分野に構わずおのれの前途を切り拓き、その際、あらゆる手段を行使する。「ささやかな」額の補償金を支払うこともあれば、競争相手に対するダイナマイトの「利用」というアメリカ方式に訴えることもある。

カルテルを結成すれば恐慌をなくすことができるという説は、ブルジョア経済学者の作り話である。それら経済学者は、何としてでも資本主義を美化しようとしている。ところが実際には、独占が産業の一部の部門に出現すると、資本主義的生産をすべて一括して見た場合に特徴的な混沌状態が、一層はなはだしいものとなる。農業と工業が不均等に発展するのは資本主義一般の常であるが、それはますます深刻なものになる。カルテル化の最先端を行くいわゆる重工業、特に石炭と鉄は、特権的立場にある。それは、他の産業部門において――ヤイデルスの表現を借りるなら――「秩序の欠如が深刻化する」[*18]のを助長している。ヤイデルスは、「ドイツの大銀行と産業の相互関係」に関して優れた研究書を著した人物である。

資本主義を臆面もなく擁護するリーフマンは、次のように述べている。

〈国民経済が発達するにつれて、重点を置かれる企業が交代していく。新たな標的は、リスクの大きい企業や海外の企業、発展するのに長い時間がかかる企業、そしてついには地場《じば》企業にまで及ぶ[*19]〉

リスクの増大は結局のところ、資本が巨大化したことによる。資本はいわば縁から溢れ出て、海外へと流出する。その一方で、技術が恐るべき長足の進歩を遂げるのにともなって、国民経済の部門間の不均衡をもたらす要素、さらには無秩序や恐慌をもたらす要素が増加する。リーフマン自身、次のことをやむなく認めている。

〈恐らく、人類は近い将来、(電気や航空など) 技術の分野でふたたび大規模な変革に直面するだろう。その影響は国民経済の構造に及ぶであろう〉。〈通常、そのような根本的な経済変革の時代に、大規模な投機が発達するのである……〉[*20]

ところで、恐慌は事の結果であると同時に原因でもある。恐慌のうち最も多いのは経済恐慌であるが、経済恐慌に限らずあらゆる恐慌は、集中と独占に向かう傾向をいちじるしく助長する。以下に、ヤイデルスの非常に有益な考察を引用してみよう。ヤイデルスが検討しているのは、一九〇〇年の恐慌である。周知のように一九〇〇年の恐慌は、現代の独占の歴史において転換点としての役割を果たした。

〈一九〇〇年の恐慌が起こったとき、主要な産業部門には巨大企業が蟠踞《ばんきょ》していた。しかし依然として、現代の尺度に照らすなら時代遅れの構造を抱えている企業も少なくなかった。それは、いわゆる「純粋な」（すなわち、複合的でない）企業である〉。〈それらの純粋な企業はかつて、工業の急発展のうねりに乗って躍進したこともあったが、価格の下落や需要の低下などに見舞われて苦境に陥った。複合的巨大企業はそのような苦境に襲われることはまったくなかった。あったとしても、その影響はごく短期間のことにすぎなかった。したがって一九〇〇年の恐慌の結果、一八七三年の恐慌のときよりもはるかに大規模な工業の集中化が起こった。一八七三年の恐慌のときにも、ある程度企業の淘汰が起こり、優良企業が生き残った。しかし当時の技術水準のもとでは、淘汰が起こったからといって、危機を脱した企業が独占体を形成することはなかった。今日では、製鉄業界や電力業界の巨大企業を舞台として、まさにそのような永続性のある独占が――しかも、いちじるしい形で――起こっている。それが可能になったのは、それら企業が非常に複雑な技術を備えており、経営規模が大きく、また資本の力に富んでいるからである。機械製作、一部の金属部門、運輸などの企業においても、程度は劣るが、同様の独占が起こっている〉[*21]

独占とは、「資本主義の最新の発達段階」がもたらした究極の帰結である。しかし、現代の独占がいかなる実力と意味をもっているのかを十二分に、また完全に理解しようと思うなら、銀行の役割に注意を払わないわけにはいかない。

訳註

1　ヘーヒスト（Höchst）：ドイツ中西部の町。人口一万七〇〇〇人。マイン川の河畔にある。

2　ルードヴィヒスハーフェン（Ludwigshafen）：ドイツ中西部の都市。ライン川左岸にある。機械工業で知られる。人口約一〇万人。

3　エルバーフェルト（Elberfeld）：デュッセルドルフの東北東に位置する。人口約一七万人。「ドイツのマンチェスター」の異名をとる工業都市。

第二章　銀行とその新しい役割

銀行の基本的で本来的な業務は、決済の仲介である。銀行はその際、不活動資本を活動資本（つまり、利益を生む資本）に変える。また、ありとあらゆる金銭収入を集めて、それを資本家階級の運用に任せる。

銀行事業は、その発達にともなって一部の銀行の手中に集積する。すると、銀行は仲介という地味な役割を放擲《ほうてき》して、全能の独占企業へと様変わりする。そして、資本家と小規模事業家から成る集団全体の貨幣資本を、ほぼすべて掌握する。また、生産手段と原材料の大部分を支配下に置く。銀行の支配は国内にとどまることもあれば、数ヵ国にまたがることもある。取るに足らぬ多数の金融業者が統合されて一握りの独占企業が出現するという現象は、資本主義が成長して資本主義的帝国主義に変化していくプロセスの節目となっている。それゆえ、銀行業務の集中という問題は、そのほ

表1　ドイツの銀行預金の分布

年　度	ベルリン9大銀行	資本金1,000万マルク以上のその他の48行	資本金100万～1,000万マルク未満の115行	小銀行（資本金100万マルク未満）
1907/8	47%	32.5%	16.5%	4%
1912/3	49%	36%	12%	3%

かの事柄に優先して検討する必要がある。

一九〇七／八年、ドイツの株式銀行で資本金一〇〇万マルク以上の銀行の預金高は、合計で七〇億マルクであった。それは一九一二／三年、早くも九八億マルクになった。五年間で四〇パーセントの増加である。二八億マルクの増加分のうち、二七億五〇〇〇万マルクは、資本金一〇〇〇万マルク以上の銀行（五七行）によるものである。大銀行と小規模銀行の預金高の分布は、表1のとおりである。[*1]

小規模銀行は大銀行によって片隅に追いやられている。そして、大銀行のうち九行だけで総預金高のほぼ半分を集積しているのである。しかし、ここではまだ多くのことが見過ごしにされている。一連の小規模銀行が実質的に大銀行の支店と化しているという事実などは、その一例である。以下、これについて論ずる。

一九一三年の末、シュルツェ＝ゲーヴァニッツは、ドイツの総預金高を約一〇〇億マルク、そしてベルリンの九大銀行の預金高を五一億マルクと推定している。預金高のみならず総資本を念頭に置いて、シュルツェ＝ゲーヴァニッツは次のように述べている。

〈一九〇九年の末、ベルリンの九大銀行は系列銀行とともに、一一三億マルクを支配下に置いていた。それは、ドイツの銀行資本の総額の約八三パーセントに相当する。ドイツ銀行は系列銀行とともに約三〇億マルクを支配しており、プロイセン国有鉄道局とならんでヨーロッパでは最大の、しかも高度に分散化した資本蓄積の実例となっている[*2]〉

「系列」銀行に言及した箇所は、傍点で強調しておいた。というのもそれは、今日の資本主義的集中現象に見られる最重要の特徴だからである。大規模な企業、特に巨大銀行は、小企業を直接、吸収合併することもある。また、小企業を「同調させる」こともあれば、服従させることもある。あるいは、「仲間内」（専門用語で言うコンツェルン）[1]に引っ張り込むこともある。その目的のために、株の買い占めや保有などの資本「参加」、さらには信用供与などの手立てを講じる。リーフマン教授は約五〇〇ページもの大部な「労作」の全紙幅を使って、現代の持ち株会社や金融会社を論じている。[3]だが残念なことに、往々にして鵜呑みにした材料に対し、ひどく粗雑な「理論的」判断を下しているにすぎない。この持ち株会社という制度は、集中化の点でいかなる結果をもたらすのであろうか。銀行「事業家」であるリーサーがドイツの大銀行について論じた著作を読めば、ほかの何を読むよりも明快な答えが得られる。しかしながら、リーサーの挙げているデータを俎上に載せる前に、持ち株会社の具体例を一つ取り上げてみよう。

ドイツ銀行率いるグループは、大規模な銀行グループの中でも最大級である。同グループを結び付けている紐帯《ちゅうたい》について調べるためには、一口に資本参加と言っても、それが直接のものなのか、それとも二次的、三次的なものなのかを区別する必要がある。すなわち、それと同じことであるが、小規模な銀行がドイツ銀行に直接従属しているのか、それとも二次的、三次的に従属しているのかを区別しなければならない。そうすると、表2のような構図が見て取れる。[4]

ドイツ銀行の直接の資本参加を仰ぎながら従属関係が継続的でない銀行は八行。そのうち三行は海外の銀行である。一つはオーストリアの銀行（ウィーンの「銀行連

表2　ドイツ銀行に従属している（出資を仰いでいる）銀行

		直接従属している銀行	第2次的に従属している銀行	第3次的に従属している銀行
ドイツ銀行の出資形態	恒久的出資	17行	（17行のうち）9行が34行に出資	（34行のうち）4行が7行に出資
	当座出資	5行	—	—
	随時出資	8行	（8行のうち）5行が14行に出資	（14行のうち）2行が2行に出資
総　計		30行	（30行のうち）14行が48行に出資	（48行のうち）6行が9行に出資

合」で、残る二つはロシアの銀行（シベリア商業とロシア貿易）である。ドイツ銀行が直接または間接に、あるいは全面的または部分的に系列下に置いている銀行は、全部で八七行ある。同銀行がグループ全体で支配している総資本額は、同銀行の資本とそれ以外の資本を合わせて二〇億〜三〇億マルクと推定されている。

ある銀行が、ドイツ銀行のように系列銀行グループを従えたとしよう。そして、国債発行のように非常に規模と利益の大きい業務を遂行するために、やや格下の五行あまりの銀行と協定を結ぶとしよう。そのような銀行はその時点ですでに仲介者の役割を放擲し、一握りの独占資本家から成る連合体へと変身したに等しい。それは明らかである。

ほかならぬ一九世紀末から二〇世紀の初めにかけて、ドイツにおいて銀行業務の集中化は、どのような速さで

表3　ベルリン6大銀行の事業所

年　度	ドイツ国内の支店	預金取扱営業所と手形交換所	国内株式銀行への恒久的出資	事業所総数
1895	16	14	1	42
1900	21	40	8	80
1911	104	276	63	450

進んだのであろうか。それは、表3に掲げたリーサーのデータから明らかである（データは一部簡略化した）。

この表から分かるように、緻密な網の目のような経路が急速に成長しつつある。全国を網羅するその経路を通じて、あらゆる資本と貨幣収入が集中制御される。そして、数千数万の分散した事業所が統合され、一国全体を包括する単一の資本主義的な事業体が出現する。それはさらに、世界規模の資本主義的事業体と化す。先に掲げた引用文の中で、シュルツェ＝ゲーヴァニッツは、今日《こんにち》のブルジョア政治経済を象徴する現象として「分散化」という言葉を用いている。ところが、シュルツェ＝ゲーヴァニッツの言う分散化は、実は、単一の中枢部に服従する事業主体が、増加の一途をたどっているということなのである。かつて、それらの事業主体は比較的自立的であり、正確に言うなら、地域単位で自己完結していたのであるが……。分散化が意味しているのは、実際のところ、巨大な独占体が集中化を進め、おのれの役割、意義、実力を強化することなのである。

表4　フランス３大銀行の発展

年　度	支店と営業所の数			資本額(100万フラン)	
	地方	パリ市内	計	自己資本	外部資本
1870	47	17	64	200	427
1890	192	66	258	265	1,245
1909	1,033	196	1,229	887	4,363

資本主義の歴史が長い国では、この「銀行のネットワーク」がもっと密なものとなっている。アイルランドを含むイギリスでは、一九一〇年、全銀行の支店数は合わせて七一五一店。四大銀行の支店数はそれぞれそれ四〇〇〇以上（最少で四四七、最多で六八九店）であった。このほかに、二〇〇以上の支店を構えている銀行が四行、一〇〇以上の支店を持っている銀行が一一行あった。

フランスでは、三大銀行（クレディ・リヨネ、コントワール・ナシオナール、ソシエテ・ナシオナール）が、表４に見られるように、業務と支店網を拡大してきた。*5

現代の大手銀行の「取引関係」を特徴づけるためにリーサーは、ディスコント・ゲゼルシャフト銀行がやり取りする商用通信文の数をデータとして掲げている（表5）。同銀行はドイツの、いや世界でも屈指の銀行であり、資本金は一九一四年に三億マルクに達している。

パリの大銀行クレディ・リヨネでは、口座数が一八七五年の二万

表5　取り扱い文書数

年度	受入文書数	発送文書数
1852	6,135	6,292
1870	85,800	87,513
1900	533,102	626,043

八五三五から一九一二年の六三万三五三九へと増加している。*6

これらの単純な数字は、恐らく、延々と議論を繰り広げるよりも如実にある事を示している。それは、銀行の資本の集中と取引高の増加にともなって、銀行の意義が根底から変化しようとしているということである。点々と分散していた資本家の中から、全体を取り仕切るたった一人の資本家が出現しようとしている。数人の資本家の当座勘定の決済をおこなうとき、銀行は単に技術的な、そしてごく副次的な業務をこなしているかのようである。ところが、その業務が拡大して巨大な規模に達すると、一握りの独占資本家が資本主義社会全体の商工業を支配下に置く。銀行の取引関係を通じて、また当座勘定やそのほかの金融業務を通じて、以下のような行動を起こす機会を得るからである。まず、それら独占資本家は一般の資本家の事業内容に関して個別の正確な情報を入手する。次に、一般の資本家を統制する。つまり、融資を増やしたり減らしたり、あるいは融資条件をゆるめたり厳しくしたりするなどして影響を与える。そして最後には、一般の資本家の運命を全面的に握り、収益性を左右し、資本を奪ったり、逆に急速かつ大幅な増資を後押ししたりする。

先に、ベルリンのディスコント・ゲゼルシャフトの資本金が三億マルクに達したと述べた。この増資は、ベルリンの最大手の二つの銀行、ディスコント・ゲゼルシャフトとドイツ銀行が覇権をめぐって繰り広げた闘争劇の一こまである。一八七〇年の段階では、ドイツ銀行はまだ新参の部類で、資本金は総額で一五〇〇万マルクであった。一方、ディスコント・ゲゼルシャフトの資本金は三〇〇〇万マルクであった。一九〇八年になると、前者の資本金は二億マルクで、後者のそれは一億七〇〇〇万マルクとなった。さらに一九一四年になると、両行は資本金をそれぞれ二億五〇〇〇万マルクと三億マルクにふくらませた。ちなみに、後者すなわちディスコント・ゲゼルシャフトの増資は、別の大手一流銀行シャウフハウゼン・バンクフェラインを吸収合併したことによる。覇権争いを繰り広げる両行は、しかし、しっかりと「手を握る」ことも稀ではない。それは当然のことである。このような事態の展開を目の当たりにして、銀行業の専門家たちはいかなる結論を導き出すであろうか。彼らの経済問題を見る視点は、穏健で慎重なブルジョア改良主義の域から一歩も出ていない。ディスコント・

ゲゼルシャフトの資本金が三億マルクに達したことに関連してドイツの『銀行』誌は、以下のごとく述べている。

〈ほかの銀行も同じ道を進む。現在ドイツを経済面において支配しているのは三〇〇人ほどだが、その数は月日が経つにつれて五〇人、一二五人、それ以下へと減っていく。今日の集中化が銀行業界の枠内にとどまるなど、思いもよらないことである。銀行同士が密接に結びつくと、いきおい、それにともなって工業経営者のシンジケートも相互に接近する。なにしろ、それらシンジケートは銀行の庇護を受けているのだから……。ある朝目覚めると、辺りはシンジケートばかり。そして、私的な独占体を国家独占体に置き換える必要に迫られる――。将来我々は、このような光景を目の当たりにして驚愕することになるだろう。だが、それにもかかわらず、我々は本質的に責めを負う立場にはない。もっとも、事態の進展を成り行き任せにし、しかもそれを株取引によっていくらか後押ししたという点についてては責任があるけれども[*7]〉

これぞまさに、ブルジョア科学と大同小異のブルジョア的評論がいかにお粗末であるかを示す実例である。ただし、前者すなわちブルジョア科学のほうが、本音を隠し、事の本質を曖昧にし、木を前面に出して森を隠そうとする点で、性質《たち》が悪いが。お粗末としか言いようがないのは、集中化の帰結に「驚愕する」とか、資本主義ドイツの政府ないし資本主義「社会」（つまり、「我々」）を「責める」とかの反応ぶりである。株式の導入によって集中化が「加速する」ことに恐れをなしている連中もいる。ドイツのカルテル専門家であるチールシキーなどはその一人である。彼はアメリカのトラストを恐れ、ドイツのカルテルのほうを「良し」とする。カルテルは「トラストと比べて、技術的、経済的進歩を法外に加速することがない」からだ、というのがチールシキーの言い分である。[*8]

だが、事実はやはり事実だ。確かに、ドイツにトラストはない。あるのはカルテルだけである。しかし、ドイツを支配しているのは、三〇〇人足らずの資本家である。しかも、資本家の数は減少の一途をたどっている。銀行はいかなる状況のもとでも、またいかなる国においても、資本の集中と独占体の形成が進行する勢いを何層倍も強め、速める。その際、銀行法の違いなどお構いなしである。

マルクスは半世紀前、『資本論』の中で次のように論じている。〈銀行が存在するおかげで、あたかも社会全体で経理がおこなわれ、かつ生産手段が社会に広く行き渡っているかのような形式が整う。だがそれは、あくまでも形式にとどまる〉（ロシア語版、第三巻、第二部、一四四頁）。銀行資本が増大し、大手銀行の支店の数や、それら支店の口座数も増加している。それに関するデータは、すでに先に引用した。それを見れば、「社会全体での経理」の具体像が分かる。「社会全体での経理」は資本家階級全体を網羅し、さらには資本家以外にも及んでいる。というのも銀行は、あらゆる貨幣収入を一旦、手元に集めるからである。貨幣収入を銀行に託す人はさまざまである。零細企業家もいれば、事務員もいる。また、微々たる数とはいえ、肉体労働者の階層の中で上部に属している人々もいる。「生産手段が広く行き渡っている状態」は外見上、現代の銀行が育んだかのようである。それら銀行のうち最大手の銀行の間で、数十億単位の巨額の資金に対する支配がおこなわれている。フランスの場合、その種の巨大銀行はおよそ三～六行、ドイツの場合は六～八行である。しかし、内実に照らすなら、生産手段の分布は、広く行き渡っているどころではない。ひどく偏《かたよ》ったものとなっている。つまり、大資本――なかんずく独占資本家の握る巨大資本――の利益一辺倒に

表6　各国金融機関の預貯金額

（単位：10億マルク）

年度	イギリス		フランス		ドイツ		
	銀行	貯蓄銀行	銀行	貯蓄銀行	銀行	信用組合	貯蓄銀行
1880	8.4	1.6	?	0.9	0.5	0.4	2.6
1888	12.4	2.0	1.5	2.1	1.1	0.4	4.5
1908	23.2	4.2	3.7	4.2	7.1	2.2	13.9

なっているのである。大資本の運用を取り巻く環境を見ると、一般大衆は食うや食わずである。また、農業の発展は、工業の発展に比べて絶望的なまでに後れをとっている。そして工業においては、「重工業」がほかの工業分野を犠牲にして優遇されている。

資本主義経済の社会化の点で、普通銀行に対して貯蓄銀行[2]と郵便局が競争を挑み始めている。貯蓄銀行と郵便局は、普通銀行よりも「分散化」している。つまり、それらの金融機関は、勢力圏に収めている地域や郡県の数、住民の層の厚さの点で優勢である。表6に、アメリカのある委員会が収集したデータを掲げてみよう。これは、普通銀行と貯蓄銀行の預金の増加を比較するものである。[*9]

貯蓄銀行は預金者に対して年率四〜四・二五パーセントの利子を支払っており、「旨みのある」資金運用先を探す必要に迫られる。いきおい、手形割引や不動産担保融資、そのほかの業務に乗り出さざるを得なくなる。こうして、普通銀行と貯蓄銀行を画する一線は、「ますます曖昧に」なる。だから、たとえばボーフム[3]やエルフルト[4]の商業会議所などは、〈貯蓄銀行は、手形割引の類《たぐい》の「純然たる」銀行業務を禁止されるべきである〉と主張している。また、郵便局の「銀行まがいの」活動を制限すべしとも要求している。[*10]銀行界の巨頭連は、国家独占が予想外の方向から忍び寄ってくるのではないかと恐れている様子である。だが言うまでもなく、懸念されるのはせいぜいのところ、いわば同じ役所に勤務する二人の課長が競争するという事態である。というのも、一方から見ると、貯蓄銀行の数十億単位の資本を実効支配しているのは結局のところ、右の巨頭連にほかならないからである。他方、資本主義社会における国家独占は、何らかの産業分野において破産の危機に瀕している富豪を救済するためのものである。すなわち、それら富豪の所得を引き上げ、かつ揺るぎないものとする手段にすぎない。

在来の資本主義においては、自由競争が支配的である。他方、新型の資本主義においては、独占が支配的である。ここで補足説明しておきたいのだが、新旧の資本主義の交替は、取引所の意義の低下に反映されている。

『銀行』誌や専門書をひもとくと、次のような記述がある。

〈かつて銀行は、証券の発行を引き受ける際、それを自行の顧客に買い取ってもらおうとすると、半分以上が売れ残る有様だった。だから、流通を円滑化するには、証券取引所の仲介が必要不可欠であった。だがもう、ずいぶん前からそうではなくなっている〉[*11]。〈「あらゆる銀行は、証券取引所である」。銀行が巨大化し、また銀行業における集中化が進むにつれて、この現代の格言は信憑性を高めている〉[*12]。〈かつて一八七〇年代のこと、証券取引所は、草創期にありがちな行き過ぎを免れなかった（「行き過ぎ」とは、一八七三年の取引所の大暴落や、投機詐欺事件などを遠まわしに指している）。だが当時、証券取引所こそがドイツの工業化時代を切り開こうとしていたのである。ところが現在、銀行と産業界は「自活」が可能である。巨大銀行が証券取引所を支配しているということは、ドイツ産業国家が完全にひとまとまりになったことの反映である。このように、自律的な経済法則の作用する範囲が狭められ、銀行を通じて意図的に調整がおこなわれる以上、それにともなって、一握りの指導者が担う経済運営の責任も、恐ろしく増大する〉[*13]

この一節の著者は、ドイツのシュルツェ＝ゲーヴァニッツ教授である。同教授は、ドイツの帝国主義を擁護する立場にあって、万国の帝国主義者から仰ぎ見られる権威である。この一節では躍起になって、ある「瑣末な事柄」を隠そうとしている。それは、銀行を通じてこの「意図的な調整」がおこなわれる場合、「完全にひとまとまりになった」少数の独占資本家が、一般大衆からありとあらゆるものを奪い取ることになる、ということである。ブルジョア経済学者が課題としているのは何か。それは、金融の全体的なメカニズムを解明することではない。また、銀行を支配している独占資本家の悪徳行為を一つ残らず摘発することでもない。逆に、それらのことを糊塗することを課題としているのである。

シュルツェ＝ゲーヴァニッツ以上に権威のある経済学者であり、銀行「事業家」であるリーサーもまさに同様である。リーサーは、紛れもない真実について内容空疎な文言を重ねて事を済ませている。

〈証券取引所はかつて、押し寄せてくる経済の動きをこの上なく正確に計測するだけでなく、それをほぼ自動的に調節していた。それは証券取引所に固有の機能であり、経済全体にとって、また有価証券の流通にとって、絶対に欠かすことのできないものであった。だが今、そのような機能は失われようとしている〉[*14]

別の言葉で言うなら、旧来の資本主義が過去のものになろうとしているということである。旧来の資本主義とは、自由競争の資本主義である。そこには、資本主義にとって絶対に不可欠な調節器、すなわち証券取引所が備わっていた。その旧来の資本主義に代わって、新型の資本主義がやって来た。そこには、何か過渡的なもの、すなわち自由競争と独占を足して二で割ったものの特徴が、色濃くにじんでいる。この最新の資本主義がどの方向に向かっているのかという問題は、頭に浮かんで当然である。だがブルジョア学者は、そのような問題を設定することを恐れる。

〈三〇年前、肉体労働以外の経済活動の一〇分の九は、自由に競争している企業家が受け持っていた。現在、頭脳経済活動の一〇分の九は、役人が担っている。このような趨勢の先頭に立っているのは、銀行業である〉[*15]

シュルツェ＝ゲーヴァニッツのこのような結論を聞かされると、またしても疑問が思い浮かぶ。最新の資本主義、すなわち帝国主義の段階の資本主義は、どこに至る過渡期なのであろうか。

一部の銀行は、集中化のプロセスが進んだ結果、資本主義経済全体を統率する立場に立とうとしている。それらの銀行の間では、独占協定（すなわち、銀行のトラスト化）に向けた動きがますますいちじるしく、かつ強くなろうとしている。アメリカでは、九大銀行ではなくて、モルガンおよびロックフェラーの二大銀行が一一〇億マルク相当の資本を支配している。[*16] ドイツでは、前述のように、ディスコント・ゲゼルシャフト銀行によってシャウフハウゼン・バンクフェライン銀行が吸収された。これについて証券取引所系のフランクフルター・ツァイトゥング紙は次のような評価を下している。

〈銀行の集中化が進むにつれて、融資の要請に取りあえず応じてくれる金融機関の範囲が狭まっている。その結果、大手産業が少数の銀行グループに従属する度合いが強まっている。産業界と金融界の関係が緊密になる中、銀行から資金を調達する必要に迫られる各企業は、行動の自由を制限される。したがって大手産業は、銀行のトラスト化（銀行相互の統合、またはトラストへの変容）を複雑な気持ちでながめている。実際のところ、巨大銀行から成るコンツェルンが別のコンツェルンとの間で、ある種の萌芽的な協定を結ぶという場面は、何度となく目撃されてきた。それらの協定は、競争の制限をもたらす〉[*17]

銀行業の発達における究極の帰結は、またしても「独占」である。

銀行と産業界との密接な結び付きについて言うなら、これほどあざやかに銀行の新たな役割を浮き彫りにするものは、恐らくないだろう。銀行は、ある企業家の手形を割り引いたり、当座預金の口座の開設に応じたりする。そのような業務が個々におこなわれるだけなら、企業家側の自立性は何ら低下しない。銀行のほうでも、仲介者という地味な役割から逸脱することはない。ところが、それらの業務が頻度を増し、日常化するとしよう。また、銀行が莫大な額の資本を手中に「集める」としよう。そして――実際によくあることなのだが――顧客の立場にある企業の財務状況を、当座勘定の決済を通じて詳しく、またくまなく知ることができるとしよう。すると、その結果として、銀行に対する産業資本家の従属は、ますます抜き差しならないものとなっていくのである。

それとともに銀行は、第二次産業、第三次産業の大手企業との間で人的な提携を緊密にし、融合を深めていく。両者の仲立ちとなるのは、株の取得である。また、役員を相互に取締役会に送り込むことである。

ドイツの経済学者ヤイデルスは、この種の資本の集積と企業群の凝集化に関して、非常に詳細なデータを集めた。ベルリンの六大銀行は、七五一社に役員を派遣していた。具体的には、そのうち三四四社に頭取クラスを、また四〇七社には取締役を送り込んでいた。そればかりか二八九社において、取締役のポストを二つずつ占めるか、そうでなければ取締役会議長のポストを握っていたのである。これらの企業の業種は多岐にわたっている。保険業、運輸業、レストランや劇場の経営、さらには美術品の取引業など、枚挙にいとまがない。一方、六大銀行の取締役会には、大手企業の経営者五一人が籍を置いていた（一九一〇年）。その中には、クルップ[5]や大手汽船会社ハンブルク＝アメリカ郵船の経営者も含まれている。

一八九五年から一九一〇年にかけて、株式や社債を発行するために六大銀行の協力を仰いだ企業は、それぞれの銀行につき数百社にのぼる。提携相手が最も少なかった銀行の場合でも二八一社。最大では四一九社であった。*18

銀行と企業の結びつきは、企業と政府の結びつきによって補完される。ヤイデルスは次のように述べている。

〈取締役ポストの自発的な提供がおこなわれている。提供を受けるのは、高名をとどろかせている人々や、当局との折衝を大いに円滑化する(!!)に足る実力をもっている元政府高官たちである〉……。〈巨大銀行の取締役会に国会議員やベルリンの市議会議員の面々を見かけることは、日常茶飯事である〉

巨大な資本主義独占体の「構築」とでも言うべきものが、エンジン全開で進められている。その際、手段は問われない。「理に適った」手段と、「理を超えた」手段のいずれもが行使される。現代資本主義の金融王数百人の間で、一種の分業体制が整然と形成されようとしている。

〈個々の大手企業の経営者は、このように（銀行の取締役会に入るなど）活動範囲を広げる。一方、地方の銀行経営者は、ある特定の産業分野だけを受け持つようになっていく。それにつれて大規模銀行の経営者たちの間でも、ある程度の専門化が進んでいく。このような専門化は、銀行が事業全体を大規模に展開し、特に産業界との提携を拡大して初めて可能になる。このような分業は、二重におこなわれる。まず、銀行経営者を代表する一人が産業界との協力関係全般を担当し、それに専念する。その一方で、一人ひとりの銀行経営者が個々の企業や企業グループを監督する。ちなみに各企業グループは、業種や利害関係の近い企業同士で構成される〉（資本主義はすでに十分に成長を遂げ、個々の企業に対する組織的な監督をおこなうに至ったのである）。〈銀行経営者の中には、ドイツの産業界を専門に担当する者もある。西部ドイツの産業界しか守備範囲としない者も時折見かけられる（西部ドイツは、ドイツの中で工業が最も発達している）。そのほか、銀行経営者の専門領域はさまざまである。海外の政府や産業界との間に縁故関係を築く者、企業経営者の個人情報を調査収集する者、また、証券取引所の業務に携わる者などもある。しかも、各々の銀行経営者が特定の地域や特定の産業部門を管理下に置くことも、よく見られる現象である。たとえば、電機製造会社の取締役会を主たる活動拠点としている者もあれば、化学工業会社、ビール醸造会社、製糖会社などを活動拠点としている者もある。さらにまた、複数の企業においてかけもちで仕事をしながら、それと同時に保険会社の取締役会に籍を置く者もある……。一言で言うと、疑問の余地のないことであるが、大手の銀行において業務の規模と種類が増大するにしたがって、銀行経営者の相互間の分業が進むのである。銀行経営者の目的は、いわば、純然たる銀行業より少し高い位置に立つことにある。そうすれば、判断力を身に付け、産業界の全般的な問題や個々の産業部門の専門的な問題に精通することができる。また、産業界に確保した銀行の勢力圏で事業をおこなうべく、準備態勢を整えることができる。ちなみに、そうした目的はすでに達成されている。銀行がこのような体制を補完するために意欲的におこなっていることがある。それは、産業界のことを熟知している人々や企業を経営している人々、また官僚上がりの人々〈特に、鉄道省や鉱業省に勤務した経験のある元官僚〉などを、銀行の取締役会に迎えることである*19

フランスの銀行業界にも、形式がわずかに異なっているとはいえ、同種の機関が見受けられる。たとえば、フランス三大銀行のひとつであるクレディ・リヨネは、銀行本体と別個に金融情報収集部を創設、運営している。そこには常時、エンジニア、統計学の専門家、経済研究者、法律家など五〇人以上が勤務している。金融情報収集部の年間経費は六〇万フランから七〇万フランである。金融情報収集部は八つの課に分かれている。もっぱら企業に関する情報を収集する課もあれば、全体的な統計の研究に従事する課もある。また、鉄道会社や汽船会社の研究をする課、有価証券の研究をする課、企業の決算報告の研究をする課などもある。[*20]

かくして、いかなる結果が生じているであろうか。第一は、金融資本と産業資本の融合である。あるいはN・I・ブハーリンの当意即妙の表現を借りるなら、「癒着」である。第二に、銀行が発達を遂げて、文字通り「普遍的な性格」をもった機関と化している。この問題に関しては、ヤイデルスの表現を、字句を違えずに引用する必要があると思われる。なにしろ、この問題の研究においてヤイデルスの右に出る者はいないのだから。

〈産業界の対外関係を総合的に検討してみよう。そうすると分かってくるのは、産業界に協力している金融機関が普遍的性格を帯びているということである。大手の銀行は、企業との間で関係を構築するとき、生産地や業種ができるだけ多種多様になることを目指している。また、産業界における資本の分布に関して、個々の企業の経歴に由来する地域間の格差や産業部門間の格差をなくすよう努めている。このような大手銀行の姿勢は、一般の銀行のそれとは対照的である。また、かつて文献などに述べられていた銀行の努力目標とも対照的である。そのような努力目標に従うなら、銀行は一定の事業分野あるいは産業部門に特化しなければならない、ということになっていた。根拠地を失うといけないから、というのが理由であった〉。〈二つの動きがある。一つは、産業界との結び付きを普遍的な現象にしようとする動き。もう一つは、その結び付きを強固で緻密なものにしようとする動きである。この二つの動きは六大銀行において、完璧とは言えないにしても、すでにかなり大規模に成果を上げている。しかも、どの銀行においても同じ程度に〉

銀行の「テロリズム」に対して、商工業界から頻繁に不平不満の声が上がっている。したがって、以下の例に示されるような形で大手銀行が「命令」を発するとき、同様の不服が声高に唱えられたとしても、驚くにはあたらない。一九〇一年一一月一九日、ベルリンの四大銀行の一つが、西北・中央ドイツのセメント・シンジケートの取締役会に宛てて書簡を寄せた。文面は以下のとおりである。

〈御社が今月一八日付の某紙に発表された告知文から明らかになったことがある。それは以下の事柄である。今月三〇日に開催予定の御社の総会においてある種の決定がなされるということ。その結果、当行にとって受け入れがたい変更がおこなわれる可能性があるということ。ゆえに、当行としてはそれを考慮に入れなければならないということである。よって、はなはだ遺憾ながら当行は、これまで御社に対して供与してきた信用を停止するのやむなきに至った……。しかしながら、御社の総会において、当行にとって受け入れがたい決定がなされず、かつ右の点において今後に向けてしかるべき保証がなされるならば、新規の融資の再開

に関して交渉に入る用意があることを表明する〉*21

これは、大資本の側から加えられる圧迫に対して小資本が不服を唱えるのと本質的に同じである。ただしここでは、「小資本」の範疇に一個のシンジケートが丸ごと入っているわけであるが！　小資本と大資本の闘争は古くからある。その闘争が、新たな、計り知れないほど進化した段階に達し、再開されようとしている。今さら言うまでもないことだが、大手銀行はかつてとは比べものにならない資金力に物を言わせて、無数の新機軸を打ち出し、それによって技術の進歩を速めている。たとえば、銀行本体とは別個に技術研究所を設立、運営している。電気鉄道問題研究協会や中央科学技術研究所などは、その一例である。そこでの成果を利用できるのは、言うまでもなく、銀行にとって「友好的な」企業だけである。

国民経済の新環境が形成されようとしている。大銀行の経営者自身、それに気づかされている。だが、そのような環境に直面しながら、どうすることもできずにいる。ヤイデルスは以下のように述べている。

〈大手銀行の頭取や取締役の人事異動をこの数年にわたって観察していると、権力が徐々に移動していることに気づかざるを得ない。すなわち、「産業界の全体的発展に積極的に介入することが大手銀行の重大な任務だ」と考えている銀行経営者が、権力を手中に収めようとしている。その際、このことが原因となって積極介入派の銀行経営者と在来型の経営者の間で事業上の対立や、また往々にして個人的な対立が起こっている。在来型の経営者が提起している疑問は、要するに以下のようなものである。産業界の生産過程に介入した場合、銀行は信用機関としての機能を損なうのではないか。また、手堅い経営方針と確実な利益が犠牲にされるのではないか。その一方で、信用供与の仲介と何ら共通しない業務が優先されるのではないか。そして、望ましくない分野に引き込まれ、産業界の景気動向への盲目的な従属を従来以上に強いられるのではないか。旧来型の銀行経営者のうち多くの者は、以上のような疑問の声を上げる。一方、新進の経営者の大多数は、次のように考える。「現代の大規模産業が生まれると、それにともなって、巨大銀行および最新型の銀行系列下の企業が生まれる。それは必然的なことである。同様に、銀行が産業界の諸問題に積極的に介入することは避けられないことである」。在来の銀行経営者と新進の経営者の意見が一致しているのは、大銀行の新たな活動にとって、確たる原則も具体的な目標もまだ存在していない、ということだけである〉[*22]

在来型の資本主義は、もう時代遅れになっている。一方、新型の資本主義は過渡的なものであって、いずれ別のものに衣替えする。独占と自由競争の「調和」を目指して「確たる原則や具体的な目標」を見つけ出すことなど、望むべくもない。実務に携わっている人々の本音は、「調和的な」資本主義を支持しているシュルツェ＝ゲーヴァニッツやリーフマンなど一連の「理論家」の論調とはまるで違っている。それら理論家は官製の賛歌を歌って、「調和的な」資本主義の魅力を誉めそやしているのであるが。

巨大銀行の「新たな業務」がすっかり定着した時期はいつだったのだろうか。ヤイデルスの著作を読むと、この重要な問いかけに対してかなり正確な答えを見出すことができる。

〈企業と企業の結び付きは、新たな内容と新たな形態と新たな機関を備えるに至った。すなわち、巨大銀行を頭上に戴くことになった。巨大銀行は中央集権的であると同時に、広く分散してもいる。このような新たな企業間の結び付きが、国民経済に特徴的な現象として形成されたのはいつ頃だろうか。それは、早くとも一八九〇年代のことである。見方によっては、この出発点をもっと遅く、一八九七年と見なすこともできよう。この年、企業間で大規模な「合併」がおこなわれ、広く分散した組織に初めて新たな形態がもたらされた。それは、銀行の産業政策の思惑を反映するものであった。右の出発点はもっと遅い時期、すなわち一九〇〇年にずらすことも恐らく可能であろう。というのも、一九〇〇年の恐慌を経て初めて以下の現象が起こったからである。まず、産業界でも銀行業界でも、集中化のプロセスが大いに速まり、強まった。また、銀行と産業界との結び付きが、巨大銀行を戴く本格的な「独占」に変容した。そして両者の結びつきは、はるかに緊密で強固なものとなった〉[*23]

このようなわけで二〇世紀という時代は、在来型の資本主義から新型の資本主義への転換期となっている。この時期を過ぎると、資本一般に代わって金融資本が支配的な立場を占めるようになる。

訳註

1　コンツェルン（ドイツ語 Konzern）：最高段階の独占形態。カルテルやトラストの場合は、企業相互の結合が同一産業部門の内部にとどまっているのに対し、コンツェルンは多数の産業部門にまたがる形で形成される。

2　貯蓄銀行：庶民の零細な貯金を預かって運用する公立銀行。

3　ボーフム（Bochum）：ドイツ西部の工業都市。製鉄業が盛ん。人口約三一万人。

4　エルフルト（Erfurt）：ドイツ中部の都市で、繊維、化学工業品、機械の生産地。人口約一四万人。

5　クルップ（Krupp）：一八一一年に小規模な鋳鋼工場として出発し、その後、鉄鋼業と機械製作（特に武器生産）で飛躍的な発展を遂げたドイツの重工業コンツェルン。

第三章　金融資本と金融寡占制

ヒルファーディングは『金融資本論』において次のように述べている。

〈産業資本を使うのは企業経営者である。しかし、企業経営者の所有に帰さない産業資本が増加している。企業経営者は資本の管理を、もっぱら銀行の仲介を通じて任されている。企業経営者にとって、銀行は資本の所有者を代表している。一方銀行も、産業界にとどめておく資本の割合を増やす必要に迫られている。いきおい銀行は、産業資本家としての性格を日増しに色濃くしていく。銀行資本は、要するに貨幣の形をした資本である。それが右のような次第で、実質的に産業資本と化している。私はそれを金融資本と称する〉。〈金融資本とは、銀行の管理下にあって、企業経営者が運用する資本である〉[*1]

ヒルファーディングは、金融資本を生み出す最重要の要因に触れていない。それは、生産と資本の集中化が徹底的に進み、そのような集中化にともなって独占が始まり、本格化したという事実である。そのことにわざわいされて、金融資本の定義も不完全なものになっている。しかし、『金融資本論』全体においては概して、また、右の引用箇所に先立つ二つの章においては特に、資本主義的独占体の役割が強調されている。

生産の集中化、それをもとに発達を遂げる独占体、銀行と産業界の融合ないし癒着——。これが、金融資本の発達史であり、金融資本という概念の内容である。

最初は資本主義的独占体が「我が物顔で」振舞う。だがそれは、商品生産および私有が一般的な環境に置かれている場合、必ず金融寡占制の優位へと変容する。そのような変化はどのようにして起こるのだろうか。以下、この問題の説明に移らなければならない。ここで指摘しておきたいのは、リーサー、シュルツェ＝ゲーヴァニッツ、リーフマンなど、ドイツの、いや、ドイツに限らずブルジョアの学徒が押しなべて帝国主義および金融資本主義を擁護しているということである。彼らが究明を避け、曖昧にし、粉飾している事柄がある。それは、寡占制が形成されるからくりや、寡占制に特有の手法、寡占制の「清濁両方の」収入の規模、議会との関係等々である。ブルジョア学者は、手に負えない難題に取り組むのを避ける。その代わりに、重苦しい文言をあやつり、銀行の頭取たちの「責任感」に訴え、プロイセンの官僚の義務感を賞賛する。また、監督や規制に関する至極瑣末な法案を重々しく検討する。さらには、理論を弄《もてあそ》ぶことすらある。リーフマン教授が筆の勢いに任せて書き散らした「科学的な」定義などは、その一例である。リーフマンによれば、〈……**商業とは、財を集めること、蓄えること、そしてそれを利用に供することを目指す生業である**〉[*2]（ゴシックおよび傍点は原著者リーフマン教授による）……。そうであるなら、まだ交換ということを知らなかった原始時代においても商業を営んでいたということになる。また、社会主義社会においても商業が営まれるということになってしまう！

しかし、金融寡占制の途方もない支配ぶりを示す恐るべき事実は、否応なく目につく。いきおい、いずれの資本主義国においても、金融寡占制をテーマとする文献が出てくるようになる。このような事情は、米仏独のいずれにおいても同様である。それらの文献は、ブルジョア的な視点からとはいえ、金融寡占制をほぼ実態に即して叙述している。また、金融寡占制に対して批判を浴びせている。もちろんそれは、プチブル的な批判にとどまってはいるが。

重視すべきは、持ち株会社という制度である。この制度についてはすでにいくらか説明した。ドイツの経済学者ハイマンは、いち早く持ち株会社に注目し、事の本質を次のように述べている。

〈最高責任者は親会社を統制する。親会社は、傘下の会社（子会社）を統制する。子会社は孫会社を統制する。という具合に、統制の連鎖は続く。このようにすれば、それほど多額の資本を所有していなくとも、巨大な生産分野を支配することができる。資本の五〇パーセントを所有していれば、いかなる場合でも株式会社の支配権を握るのに十分である。そうだとすると、実際のところ、最高責任者はわずか一〇〇万を手中に収めただけで、孫会社の資本八〇〇万を支配することができるのである。このピラミッド型の連鎖のすそ野がさらに広がっていくと、一〇〇万の資本で支配できる額は、一六〇〇万、三二〇〇万といった具合に倍々で膨らんでいく〉[*3]

ところが現実には、経験に照らして明らかなことであるが、株式の四〇パーセントも所有すれば、その株式会社の事業を運営するのに十分である。[*4] なぜならば、零細株主のうち一部は実際上、株主総会やそのほかの舞台に出席する機会にまったく恵まれていないからである。ブルジョアの詭弁家や日和見《ひよりみ》主義的な自称社会民主主義者は、株式所有を「民主化」すれば「資本の民主化」が進み、小規模生産の役割と意義が大きくなると期待している（あるいは、そう断言している）。ところが実は、株式の所有を民主化することは、金融寡占制の威力を増幅するための便法となっているのである。

ついでに言っておくと、先進資本主義国――すなわち、年輪を重ねた「経験豊かな」国――において小額の株券が認可されているのは、右の理由による。ドイツでは、額面一〇〇〇マルク未満の株券は法的に認められていない。だから、ドイツ金融資本の巨頭たちは、イギリスに羨望のまなざしを向ける。というのもイギリスでは、法律によって額面一ポンド（二〇マルク、約一〇ルーブル）の株券が認められているからである。ドイツ最大の企業家であると同時に金融王でもあるジーメンスは、一九〇〇年六月七日、帝国議会において次のように発言した。〈額面一ポンドの株式はイギリス帝国主義の基盤である〉。[*5] ジーメンスは帝国主義の本質を、驚くほど深く理解している。しかも、理解の仕方が「マルクス主義的」である。曲学の徒である某氏はこの点で、まったく顔色がない。なにしろこの人物は、ロシアにおけるマルクス主義の始祖と見なされていながら、「帝国主義は、特定の国民に固有の悪弊である」と考えているのだから……。

しかし持ち株会社は、独占資本家の権力を巨大化するのに役立つだけでない。この制度を利用すれば、ありとあらゆる後ろ暗くて汚い事業を、大手を振ってやってのけることができる。また、大衆をだまして有り金を搾り取ることも可能になる。というのも、親会社の最高責任者は表向き、つまり法律上、子会社の事業に対して責任を負っていないからである。子会社は「独立している」と見なされており、したがって、子会社を介するならば、どのようなことでも「やってのける」ことが可能になる。以下に実例を挙げてみよう。出典は、ドイツの専門誌『銀行』の一九一四年五月号である。

〈カッセル(2)の発条鋼株式会社は数年前、収益性の高さではドイツでも一、二を争う企業と目されていた。だが、経営が拙劣だったため、一五パーセントあった配当は無配に転落するに至った。あとで判明したことであるが、実は、同社経営陣は株主に通知することなく、子会社の一つであるハッシアに六〇〇〇万マルク融資していたのである。ちなみに、ハッシアの額面上の資本は総額でもたかだか数十万マルクにすぎない。親会社のほうでは、自社の資本金の三倍近くに相当する融資だというのに、貸借対照表にはそれをまったく記載しなかった。このように事実を秘匿したからといって法的責任を問われることはなかった。そのような事態は丸二年続いた。なぜならそれは、商法のどの条項にも抵触しないからである。取締役会議長は最高責任者として、虚偽の貸借対照表への署名を繰り返してきた。それでいて、当時から現在に至るまでカッセルの商業会議所の会頭を兼ねているのである。一般の株主は、ハッシアに対する融資のことを長い間知らずにいた。それを知ったのは、この融資が過ちだったことが判明したときである〉（「過ち」とは、手ぬるい表現である）。〈そのときは、消息通の株主が株を放出したために、カッセル発条鋼の株価は一〇〇パーセント近く値を下げた……〉。

〈株式会社においては、綱渡りのような芸当が日常茶飯事となっている。右に示したのは、その典型的な例である。そうした実例に照らせば、株式会社の経営者が個人企業家よりもはるかに気安く危険な事業に乗り出す理由も説明がつく。貸借対照表を作成する最新の技術のおかげで、危険な事業を一般の株主の目に触れないよう工作することができる。そればかりか、大口の株を所有している張本人が責任逃れをすることも可能である。それは、新規事業が失敗に終わった場合、機を逸することなく株式を売り抜けることによる。ところが、個人企業家はと言えば、おのれの全事業の責任を一身に負っているのである……〉。

〈多くの株式会社の貸借対照表は、中世から知られているパリンプセスト（羊皮紙の一種）に似ている。パリンプセストには何か書いてあるのだが、まずそれを消さないと、その下に書いてある記号を読み取ることができない。そして、それが解読できなければ、本当の内容も分からないのである〉（パリンプセストは、もともと書いてあったものを塗りつぶして、その上に別のものを書くようになっていた）。

〈貸借対照表の実態を読み取りにくくするための手法は各種ある。ごく単純で、それゆえに非常によく使われるのは、単一の企業をいくつかの企業に分割するという手である。具体的には、子会社を設立するとか、逆にそういった子会社を統合するなどの手段が用いられる。合法、非合法両方のさまざまな目的に照らしてみれば、こうしたシステムの利点は一目瞭然である。現在、このようなシステムを採用していない大企業は、いたって例外的である[*6]〉

このようなシステムを非常に幅広く用いている巨大独占企業の例として、右の論文の著者は、有名なアルゲマイネ・エレクトリツィテーツ・ゲゼルシャフト（略してＡＥＧ）を挙げている。同社については第五章で説明する。一九一二年の推定によれば、ＡＥＧは一七五ないし二〇〇社に出資していた。その際、それらの企業を実効支配していたことは言うまでもない。ＡＥＧはまた、資本としては約一五億マルクを擁していると見られていた[*7]。

持ち株会社を規制するためにさまざまな規則が設けられている。その規則に従って、貸借対照表の公開や、貸借対照表を作成するための定型様式の指定、会計監査制度の設定などがおこなわれている。大学教授や官僚は善意から――正確に言うなら、資本主義を擁護し美化しようとする善意から――それらの規則に一般大衆の注意を引き付けようと努めている。しかし、そのような規則はこの場合、何の意味もない。なぜなら、私有財産は神聖であるからだ。株式を売買し、交換し、担保に入れることは自由であり、それを禁止することは何人《なんぴと》にも許されていないのである。

持ち株会社という制度がロシアの巨大銀行においてどのような規模に達しているかは、Ｅ・アガートの挙げている数字から判断できる。アガートは露清《ろしん》銀行に一五年間、一介の行員として勤め、一九一四年五月、著書を刊行した。書名はやや雑で、『大銀行と世界市場』[*8]となっている。アガートはロシアの巨大銀行を二つの主要な範疇に分類している。（一）持ち株会社の下で営業する銀行。（二）独立した銀行。ただしアガートは、（二）の「独立」という言葉を恣意《しい》的に理解しており、外国の銀行からの独立という意味で使っている。

アガートは（一）の銀行をさらに三つに分類している。すなわち、①ドイツ系、②イギリス系、③フランス系。「～系」というのは、それぞれの国籍の巨大銀行が出資し、支配しているという意味である。アガートは銀行の資本を、商業および工業に投入される「生産的な」出資金と、証券取引や金融取引に投入される「投機的な」出資金に区分している。そして、持ち前のプチブル的、改良主義的な視点に立って、アガートは次のように考える。すなわち、「資本主義を維持したまま、生産的な出資金と投機的な出資金を区別し、後者を排除することができる」と。

アガートのデータは表7のとおりである。

このデータから以下のことが分かる。ロシアの大銀行（一九行）の資本勘定は、ほぼ四〇億ルーブル。そのうち四分の三以上すなわち三〇億ルーブル以上は、上記（二）のグループの銀行の持ち分となっている。それらの銀行は本質的に子会社である。親会社の立場にあるのは、パリの三大銀行やベルリンの銀行（特に、ドイツ銀行やディスコント・ゲゼルシャフト）などを筆頭とする海外の銀行である。ちなみにパリの三大銀行とは、リュニオン・パリジェンヌ、パリ・エ・デ・ペイ＝バ、ソシエテ・ジェネラールである。ロシアの二大銀行、すなわちロシア銀行（ロシア外国貿易銀行）と「国際銀行」（サンクト・ペテルブルグ国際貿易銀行）の実態に触れておこう。両行は一九〇六年から一九一二年にかけて、資本金を四四〇〇万ルーブルから九八〇〇万ルーブルへ、また支払準備金を一五〇〇万ルーブルから三九〇〇万ルーブルへと引き上げた。ところが、「そのうち四分の三はドイツ資本によってまかなわれた」のである。ロシア銀行は、ベルリンのドイツ銀行率いるコンツェルンに属している。「国際銀行」は、同じくベルリンのディスコント・ゲゼルシャフトのコンツェルンに属している。大部分の株式がベルリンの銀行の手中に収められ、それゆえにロシア人株主は

表7　銀行の資産（1913年10月～11月の決算報告による）

（単位：100万ルーブル）

ロシアの銀行グループ	投下資本		
	生産的	投機的	合計
〔a-1〕ドイツに出資を仰いでいる銀行×4行 シベリア商業銀行 ロシア銀行 国際銀行 割引銀行	413.7	859.1	1,272.8
〔a-2〕イギリスに出資を仰いでいる銀行×2行 商工銀行 露英銀行	239.3	169.1	408.4
〔a-3〕フランスに出資を仰いでいる銀行×5行 ロシア＝アジア銀行 サンクト・ペテルブルグ私設銀行 アゾフ＝ドン銀行 ユニオン・モスクワ銀行 ロシア＝フランス商業銀行	711.8	661.2	1,373.0
〔a〕11行小計	1,364.8	1,689.4	3,054.2
〔b〕独立している銀行×８行 モスクワ小売業者銀行 ヴォルガ＝カマ銀行 ユンカー商会銀行 サンクト・ペテルブルグ商業銀行 （旧ヴァーヴェルベルグ銀行） モスクワ銀行 （旧リャブゥシンスキー銀行） モスクワ割引銀行 モスクワ商業銀行 モスクワ私設銀行	504.2	391.1	895.3
〔a〕+〔b〕19行総計	1,869.0	2,080.5	3,949.5

無力な状態に陥っている。親切なアガートはこの事実を知って、いたく憤慨してくれている。ちなみに当然のことながら、資本を輸出する国はうまい汁を吸う。たとえば、ベルリンのドイツ銀行は、ベルリンの市場でシベリア商業銀行の株式の売出しをおこなった。そして、それを一年間寝かせてから、額面一〇〇に対して一九三の価格で、つまり額面のほぼ二倍で売り抜けた。稼いだ儲けは、約六〇〇万ルーブルに上る。ヒルファーディングの言う「発起人利益」である。

アガートはペテルブルグの各巨大銀行の実力を、合計八二億三五〇〇万ルーブルと見積もっている。アガートが算出したところによれば、ペテルブルグの各銀行に対して出資をおこなっている外国の銀行――正確には、支配をおこなっている外国の銀行――を国ごとにまとめると、その比率は次のとおりである。

フランス系…五五パーセント

イギリス系…一〇パーセント

ドイツ系…三五パーセント

アガートの見積もりによれば、この八二億三五〇〇万ルーブルの総資本のうち、三六億八七〇〇万ルーブル（すなわち、四〇パーセント以上）はシンジケートに振り向けられている。それらのシンジケートとしては、プロドウーゴリのような石炭シンジケートや、プロダメトのような冶金シンジケートがある。このほかに、石油、金属、セメントなど各工業分野のシンジケートもある。というわけでロシアにおいても、資本主義独占体の形成にともなって銀行資本と産業資本の融合が飛躍的な進歩を遂げた。

金融資本は、少数の人間の手元に集中している。そして、事実上の独占状態に乗じて、莫大な利益を上げている。会社の創業、株式の発行、国債の引き受けなどの業務が、増大する利益の源泉となっている。このようにして、金融資本は金融寡占制の支配を固め、一方、社会全体は独占資本家に貢ぐことを強要される。以下、アメリカのトラストが我が物顔で振舞う実例を一つ挙げよう（出典はヒルファーディング）。一八八七年、ハヴマイアは一五社の小企業を統合し、製糖トラストを設立した。その総資本は、合計すると六五〇万ドル相当であった。ところが製糖トラストは、資本金を水増しして五〇〇〇万ドルと定めた。このような過大な増資は、将来の独占的な利益を見越しているからである。それは、アメリカの製鉄トラスト、USスチールの場合と同じことである。USスチールも、将来の独占的利益を見越して次々に鉄鉱石の鉱山を買い足している。それはともかくとして、製糖トラストは実際に独占価格を設定し、莫大な収入を得た。またそれによって、莫大な年次配当金を支払うことができるようになった。それは、七倍に水増しされた資本金の一〇パーセントに相当し、トラスト設立の際に実際に投入された資本の七〇パーセント弱に相当する！ 一九〇九年の時点で、製糖トラストの資本金は九〇〇〇万ドル。だから二二年の間に、資本金は一〇倍以上に膨らんだわけである。アメリカでは、この種の事例は枚挙にいとまがない。

フランスでも「金融寡占制」が支配的である（ちなみに、『フランスにおける金融寡占制に反対して』というのはリジスの有名な著作の題名で、同書は一九〇八年に第五版が出ている）。しかし、金融寡占制の支配のあり様《よう》は、アメリカとはわずかながら異なっている。有価証券を発行するとき四大銀行は、相対的な独占ではなくて「絶対的な独占」を謳歌している。実質的にこれは、「巨大銀行のトラスト」である。そして、独占状態が保たれているおかげで、証券を発行した場合、独占的な利益を確実に得ることができる。フランスに国債を引き受けてもらうとき、借入国は通常、総額の九〇パーセント未満しか受け取れない。一〇パーセントは、銀行そのほかの仲介業者の手数料に化けるからである。フランスの銀行の利益は、四億フランの露清国債を引き受けたとき、八パーセントであった。八億フランのロシア国債（一九〇四年）の場合は一

○パーセント。六二五〇万フランのモロッコ国債（一九〇四年）の場合は一八・七五パーセントであった。資本主義は、取るに足らぬ高利貸しの資本を出発点として発達し始めた。そして現在では、金融で暴利をむさぼる巨大資本となっておのれの発達を完成させようとしている。〈フランス人は、ヨーロッパを対象とする高利貸しである〉とは、リジスの言である。資本主義がこのように変質を遂げたために、経済活動の条件はことごとく深刻な変化を被っている。人口や工業、商業、海運が停滞しても、国は金融業に励むことによって富裕になれる。〈八〇〇〇万フランの資本を体現する五〇人ほどの人々が、四つの銀行で二〇億フランを自由に操っている〉。持ち株会社という制度は、もはや未知の現象ではない。それは決まって同じ結果をもたらす。一例を挙げよう。巨大銀行の一つに数えられるソシエテ・ジェネラールは、その子会社にあたるエジプト製糖の社債（六万四〇〇〇口）の発行を引き受けて利益を得た。販売価格は額面の一五〇パーセントだから、同銀行は、一ルーブルにつき五〇コペイカの儲けを上げているわけである。一方、エジプト製糖の配当金は空手形に終わり、一般大衆は九〇〇〇万〜一億フランを棒に振った。〈ソシエテ・ジェネラールの取締役の一人は、エジプト製糖の取締役を兼ねていた〉。リジスが次のような結論を下さざるを得なかったのは、もっともなことである。〈フランス共和国は金融君主国である〉。〈フランスは、完全に金融寡占制の支配するところとなっている。新聞・雑誌も政府も、金融寡占制の支配下に置かれている〉[*9]。

有価証券の発行は、金融資本の主要業務の一つである。その収益性はきわめて高い。そのことが、金融寡占制の発達と強化において非常に重要な役割を果たす。ドイツの『銀行』誌は次のように述べている。〈外債発行の幹事役は、非常に収益性の高い業務である。ほかの国内業務の場合、黒字があるとしても、外債発行の幹事役より高い収益性は期待できない。いや、それに近い収益性すら無理である〉[*10]。〈銀行の業務で、有価証券の発行以上に利益の大きい業務は皆無である〉。『ドイツ経済』誌の資料によると、企業の有価証券を販売することによって、年平均で、次のような利益が得られた。

一八九五年…三八・六パーセント　　一八九八年…六七・七パーセント
一八九六年…三六・一パーセント　　一八九九年…六六・九パーセント
一八九七年…六六・七パーセント　　一九〇〇年…五五・二パーセント

〈一八九一年から一九〇〇年にかけての一〇年間で、ドイツ企業の証券を発行することによって一〇億以上の稼ぎが上がった〉[*11]

産業界の景気が活気づく時期には、金融資本の利益は途方もなく大きなものとなる。一方、沈滞期に入ると、規模が小さくて脆弱《ぜいじゃく》な企業が倒れる。すると、巨大銀行が出資することによって、それらの企業を安値で買い取る。あるいは、利益目当てで企業を「再建」したり「再編」したりすることもある。赤字企業を再建する際に、〈減資がおこなわれることもある。減資されれば、それまでよりも少ない資本に対して利益が分配され、以後は、その少ない資本が分配金の算定ベースとなる。あるいは、収益がゼロになった場合、増資がおこなわれることもある。利益を生まなくなった古い資本に新たな資本が組み入れられ、今度は十分な利益が上がるようになる〉

ヒルファーディングは次のように付け加えている。〈蛇足ながら、このような再建や再編はいずれも、銀行にとって二重の意味をもっている。第一にそれ自体、利益の大きい業務である。第二に、右の赤字企業を服従させる好機となる〉。[*12]

一例を挙げよう。ドルトムント[(3)]のウニオン鉱業は、一八七二年創業である。当時、資本金を調達するため、ほぼ四〇〇〇万マルクに相当する株式が発行された。会社創立から一年後、株価は上昇して額面の一七〇パーセントとなった。初年度の配当は一二パーセントであった。金融資本はうまい汁を吸い、二八〇〇万マルクほどの小遣い稼ぎをした。この会社の創立の際に主役を演じたのは、ドイツ最大の銀行、ディスコント・ゲゼルシャフトである。同銀行の資本金は着々と増加した。現在は三億マルクに達している。その後、ウニオン鉱業の配当はゼロになっていく。同社の株主は、出資金の一部放棄に同意することを余儀なくされた。出資金を全額ふいにする事態を避けようと思えば、一部放棄を認めざるを得なかったのである。そしてどうなったか。一連の「再建策」が実施された結果、三〇年の間にウニオン鉱業では、七三〇〇万マルク余りが減資されたのである。

〈ウニオン鉱業の当初からの株主は、現在、手元に額面のわずか五パーセントしかもっていない勘定である〉*13

それなのに銀行は、「再建」をおこなってはその都度「稼ぐ」という行為を続けてきたのである。

金融資本の業務の中で利益が非常に大きいものとしては、土地投機もある。投機の対象となっているのは、急成長する大都市の、近郊の土地である。この場合、銀行のおこなう独占は、地代や運輸業などの独占と表裏一体の関係にある。その理由はこうである。土地の値上がりや土地の売却益が得られるかどうかは、何よりも、都市の中心部とその土地を結ぶ交通機関の整備にかかっている。一方、そういった交通機関を手中に握っているのは、大企業である。そして、それら大企業は持ち株会社を通じて、あるいは取締役の受け入れを通じて、ほかならぬ銀行と結びついているのである。L・エシュヴェーゲが「底なし沼」と称する事態が発生する。エシュヴェーゲはドイツの『銀行』誌の記者で、土地取引や不動産担保融資の研究を専門にしている。底なし沼は、都市近郊の土地に対する投機が過熱するところから始まる。次に起こるのは、建設会社の倒産である。ベルリンのボスヴァウ・ウント・クナウアーの倒産は、その一例である。同社は、「堅実性と規模において最有力の」ドイツ銀行の仲介を仰ぎ、最大で一億マルクの資金をかき集めた。ドイツ銀行のほうでは当然のことながら、持ち株会社の方式に従って行動した。つまり、人目につかないよう舞台裏で動いた。犠牲「わずか」一二〇〇万マルクを失ったあと、ドイツ銀行は巧みに身をかわした。犠牲になるのは、小規模企業の経営者と労働者である。彼らは、見かけ倒しの建設業者から何の見返りも得られないまま零落する。その一方で、ベルリンの「立派な」警察および行政当局を相手に、詐欺まがいの取り決めがおこなわれ、土地権利証および市当局公認の建築許可証が交付される。[*14]

金融資本の時代がやって来た。どこの国でも「アメリカ風の流儀」が、文字どおりあらゆる大都市を席捲している。それを見て、ヨーロッパの大学教授連や善意あふれるブルジョアは、さも心配だという風に慨嘆している。

一九一四年初め、ベルリンにおいて運輸トラストの設立間近との噂が流れた。運輸トラストとは、ベルリンの運輸企業三社（ベルリン電鉄、路面電車会社、バス会社）から成る利益共同体である。『銀行』誌は次のように論じている。

〈運輸トラスト結成の計画が存在するということは分かっていた。それは、バス会社の株式の大部分がほかの二つの運輸企業の手に渡ったことが判明したとき以来のことである。……このような目的を追求する人々の言い分をすべて信じることもできよう。彼らは言う。「運輸事業を一律に調整することによって、無駄を省くことができる。それは結局、一般大衆に還元される。我々はそのような節約を期待しているのだ」。だが、問題は単純ではない。なぜなら、結成されようとしているトラストの背後では、銀行が暗躍しているからである。その気になれば銀行は、土地取引の利益を優先することができよう。そして、銀行の独占する運輸業界は、そうした利益のために奉仕を強いられることになろう。このような予測は妥当である。論より証拠、ベルリン電鉄を設立した時点で、早くもそこに、電鉄会社の発起人である大銀行の利害が食い込んできた。正確に言うなら、電鉄会社の利益と土地取引の利益が渾然一体となったということである。事情はこうだ。電鉄会社が敷設する予定だった東部線の沿線には、銀行の土地があった。線路の敷設が確実になったとき、銀行はその土地を売却した。売却益は巨額だった。

受益者となったのは、銀行および若干の出資者である……〉[*15]

ひと度形成された独占体は、数十億単位の金を自由に動かせるようになる。そして、社会活動のあらゆる側面に浸透してくる。それは絶対に避けられない。その際、政治体制やそのほかの「些事《さじ》」の違いは、まったく無関係である。ドイツの経済学の文献において日常的に見受けられるのは、卑屈な態度でプロイセンの官僚の誠実さを賛美しながら、フランスのパナマ運河疑獄事件(4)やアメリカの政治の腐敗傾向については「さもありなん」と評する筆法である。ところが実は、ドイツの銀行業を専門としているブルジョアの文献ですら、純然たる銀行業務からひっきりなしにはなはだしく逸脱して議論することを余儀なくされているのである。たとえば、官僚が銀行に天下る事例が頻発するのを目の当たりにすれば、「銀行志向」について論じないわけにはいかない。〈国家官僚の清廉ぶりはどこへいったのか。彼らは人目を忍んで、ベーレン街の実入りの良い地位を目指して突っ走っているではないか〉[*16]。ベーレン街はベルリンにある。そこがドイツ銀行の所在地である。『銀行』誌の発行人であるアルフレート・ランスブルクは一九〇九年、「ビザンチン主義の経済的意義」と題する論文を著した。ちなみに論文のテーマは、ヴィルヘルム二世のパレスチナ巡幸と、〈巡幸の直接の帰結であるバグダッド鉄道の敷設である。バグダッド鉄道の建設は、「ドイツ的野心に満ちた事業」であるが、ドイツの死命にかかわる重大な事業でもある。この事業は、「包囲網」の形成を招いた点で、我々の犯したあらゆる政治的な失策を束ねたよりも罪が重い〉(「包囲網」というのは、イギリス国王エドワード七世の政策を指している。エドワード七世はドイツの孤立を図り、帝国主義的な反独同盟を結んでドイツを包囲しようとした)。前述のエシュヴェーゲ(『銀行』誌の記者)は一九一一年、「金権政治と官僚」と題する論文を著した。その中で、一例としてドイツの官僚フェルカーの事例をあばいた。フェルカーはカルテル委員会のメンバーで、精勤ぶりが目立っていた。ところがしばらくすると、最大のカルテルである鉄鋼シンジケートにおいて実入りの良いポストを得ていることが分かった。同様の、決して偶発的ではない事例は、ほかにも見られる。それらの事例に照らしてフェルカーは、ブルジョアの著述家でありながら、以下の点を認めることを余儀なくされた。第一に、〈ドイツの憲法によって認められている経済的自由は、経済活動の大半の分野において空文化している〉。第二に、現状の如く金権政治が支配的になっている以上、〈政治的自由を最大限に与えられたとしても、わが国は、自由を奪われた民の国に堕すことを免れない〉。[*18]

ロシアに関しては、一例を挙げるにとどめておこう。数年前、財務省のダヴィドフ金融局長が同省を辞し、ある大銀行に天下るというニュースが新聞各紙をにぎわせたことがある。報じられたところによると、ダヴィドフ局長の年俸は契約に従って、わずか数年のうちに一〇〇万ルーブルを超えることになっていた。宜《むべ》なるかな。金融局というのは、〈国家のすべての金融機関の活動を統合することを任務としており、首都の各銀行に対する同局の補助金は、合計すると、最大で八億～一〇億ルーブルに達しているのである〉。[*19]

資本主義一般に必ず付随するのは、分化という現象である。資本主義の下では、資本の運用が分化する。すなわち、資本を所有することと、生産のために資本投入することが別個の事柄になる。また、金融資本が産業資本（ないし生産的資本）から分離する。そして、貨幣資本から得られる不労所得だけで生計を立てている金利生活者が、企業家など、資本の運用に直接携わっているすべての人々との間に一線を画す。帝国主義（金融資本が支配的となった体制）は、資本主義が最高度に発達した段階である。そして、右に挙げた分化の度合いがはなはだしくなる段階である。金融資本がそのほかのあらゆる形態の資本より優勢になるということは、取りも直さず、不労所得を満喫している人種や金融寡占制を取り仕切っている連中が、支配的な立場に立つということである。また、金融の「実力」を蓄えた一部の国が優位に立ち、そのほかのすべての国が風下に立つということである。こうしたプロセスはどの程度進行しているのだろうか。それを判断するためには、各種有価証券の発行高を示す統計資料を参照しなければならない。

『国際統計研究所通報』誌上でネイマルク[*20]は、世界中の有価証券の発行に関してきわめて詳細かつ網羅的な、比較に基づいたデータを発表した。そのデータの抜粋はその後、経済学の文献において引用されることがしばしばあった。過去四〇年間の有価証券の発行高を一〇年ごとに合計すると、以下のとおり。

一〇年ごとの有価証券の発行高

一八七一～一八八〇年…七六一億フラン

一八八一～一八九〇年…六四五億フラン

一八九一～一九〇〇年…一〇〇四億フラン

一九〇一～一九一〇年…一九七八億フラン

一八七〇年代には世界中の有価証券の総発行高が伸びた。それは主として、普仏戦争(6)および戦後のドイツにおける起業ブームによって起債が増加したことによる。しかし全体的に見ると、一九世紀の最後の三〇年間における増加は、それほど急速なものではない。飛躍的な増加が見られたのは、ようやく二〇世紀初頭の一〇年を迎えてからである。その一〇年間でほぼ二倍の伸びが見られた。各種独占体(カルテル、シンジケート、トラスト)が上述のとおり成長したという意味でも、金融資本が成長したという意味でも、二〇世紀の初頭は、要するに時代の節目なのである。

ネイマルクの推定によれば、一九一〇年の世界全体の有価証券の総額は、およそ八一五〇億フラン。二重に算定されている分を概算で差し引いた場合の総額は、五七五〇億~六〇〇〇億フランである。表8に、国ごとの有価証券の総額を掲げる(世界全体の総額は六〇〇〇億フランとする)。

右のデータから一目で見て取れるのは、資本主義体制を敷いている「富める国」のうち上位四傑が群を抜いているということである。それら四ヵ国はそれぞれ一〇〇〇億~一五〇〇億フラン相当の有価証券を有している。そのうち二ヵ国はイギリスとフランスである。英仏ともに資本主義国としては最古の歴史を誇り、また、後述のとお

表8　1910年の有価証券総額

（単位：10億フラン）

イギリス	142	479	オランダ	12.5
アメリカ合衆国	132		ベルギー	7.5
フランス	110		スペイン	7.5
ドイツ	95		スイス	6.25
ロシア	31		デンマーク	3.75
オーストリア＝ハンガリー	24		スウェーデン、ノルウェー、ルーマニア、その他	2.5
イタリア	14			
日本	12		総計	600

り、植民地の多さで一、二を争っている。残る二ヵ国はアメリカ合衆国とドイツである。米独両国は、発展の速度が急速であり、かつ生産活動において資本主義的独占体が高度に普及しているという点で、先進資本主義国に数えられる。四大国の持ち分を合計すると四七九〇億フラン。これは全世界の金融資本のほぼ八〇パーセントに相当する。世界の残りの諸国はほとんど例外なく、多少なりとも債務超過に陥り金利の支払いに追われている。金利を受け取るのは、国際的銀行の立場にある四大国、つまり世界の金融資本の「四本柱」である。

　ところで、金融資本が依存と交流の国際的ネットワークを形成する際、資本輸出はいかなる役割を果たしているのだろうか。この問題は、別個に詳しく論ずる必要がある。

訳註

1　曲学の徒である某氏：G・V・プレハーノフを指している。

2　カッセル（Kassel）：ドイツのほぼ中央に位置する工業都市。機関車、機械、医療器械を生産する。人口約一七万人。

3　ドルトムント（Dortmund）：ドイツ西部ルール炭田の中心に位置する。製鉄や機械製作が盛ん。人口約四六万人。

4　パナマ運河疑獄事件：レセップスがパナマ運河開通工事のため設立した会社が、議会の承認のもとに莫大な債券を発行した（一八八八年）にもかかわらず翌年破綻したことに端を発する。債権者の憤懣が渦巻く中、一八九二年に一部新聞が、債券発行の際に贈収賄の事実があったと報道したことから、多数の要人に嫌疑がかけられるなど政官界を揺るがす疑獄事件へと発展した（～一八九三年）。

5　バグダッド鉄道：ベルリン、ビザンチウム（イスタンブール）、バグダッドを結ぶいわゆるドイツの３Ｂ政策の中核となる鉄道建設プロジェクト。ここでは、トルコのコニアからバグダッドを経てペルシア湾に至る路線を指す。ドイツはオスマン・トルコ政府から敷設権を得て、一九〇三年から鉄道の建設を開始した。

6　普仏戦争：一八七〇～一八七一年。プロイセンの強大化を恐れるフランスと、ドイツ統一を進めようとするプロイセンとの間で起こった。プロイセンと南ドイツ諸邦から成るドイツ軍はナポレオン三世を捕虜にするなど、フランスを圧倒した。講和直前の一八七一年一月、プロイセンのヴィルヘルム一世がドイツ皇帝として戴冠、ドイツ統一が成立した。

第四章　資本輸出

在来の資本主義は、自由競争がくまなく行き渡っており、商品の輸出を特徴としている。最新型の資本主義になると、独占体の支配がおこなわれ、資本の輸出が特徴となる。

資本主義とは、商品生産が最高度に発達した段階である。この段階に至ると、労働力も商品となる。国内の交易もさることながら、特に国際貿易が増大する。それは、資本主義に固有の現象である。資本主義の下では、個々の企業、個々の産業部門、個々の国が発展する際、不均等の発生は避けがたい。最初、イギリスがいち早く資本主義国となった。イギリスは一九世紀半ばまでに自由貿易を導入し、世界の工場（すなわち、世界中の国々に工業製品を供給する国）の役割を自任するようになった。その代わりに、イギリスの工業製品を輸入する国々では、イギリスに対して原材料を供給しなければならなかった。しかし、イギリスのこのような独占状態は、一九世紀最後の四半世紀頃にはすでにくつがえされた。というのも、ほかの諸国が保護関税によって身を守り、自立的な資本主義国へと発達を遂げたからである。二〇世紀が間近になると、別種の独占の発生が見られる。第一に、発達した資本主義の国では、どこの国でも、資本家が独占体同士の同盟を結ぶ。第二に、いくつかの富める国が独占的立場を確保する。それらの国では、資本の蓄積が途方もない水準に達する。先進諸国において、莫大な「過剰資本」が発生するというわけである。

資本主義体制のもとでは、農業は発達を遂げられない。そして、いかなる点でも工業から恐ろしく後れを取る。一般大衆の生活水準も改善されない。それどころか、目もくらむような技術的進歩にもかかわらず、食べ物にも事欠くような赤貧状態に置かれる。仮に、そうした現実と逆に、資本主義が農業の発展をもたらし、生活水準の向上を促すと仮定しよう。その場合は言うまでもなく、過剰資本について云々することはできない。だからこそ、プチブルの立場にあって資本主義を批判する人々は、そのような「論拠」を事あるごとに前面に押し出すのである。しかし、右の仮定が現実のものとなるなら、資本主義は資本主義でなくなってしまう。なぜなら、発達が不均等であることや、一般大衆の生活水準が食うや食わずのレベルにとどまることは、資本主義という生産様式を成り立たせるための前提条件であるからだ。資本主義が資本主義である限りにおいて、過剰資本は、その国の一般大衆の生活向上に振り向けられることはない。というのも、そのようなことをすれば、資本家の利益が減少するからである。過剰資本は、利益を拡大する方向に振り向けられる。それは、後進国に対する資本輸出を通じておこなわれる。これらの後進国では通常、利益率が高い。なぜなら、資本が少なく、土地が値ごろで、賃金が低く、原材料価格が安いからである。資本輸出が可能になった要因としては、次のようなものがある。一連の後進国がすでに世界資本主義の歯車の中に組み込まれた。また、それら後進国では鉄道の主要路線がすでに開通済みか、あるいは敷設が始まった。そして、工業の基本的発展条件も整った。一方、資本輸出を余儀なくする要因もある。一部の国では、資本主義が「過度の成熟」に達し、そのため、（農業が発達を遂げておらず、また一般大衆が貧困にあえいでいるだけに）資本にとって、「利回りの良い」運用先が不足する。

表9に掲げるのは、主要三ヵ国が海外に投下した資本の規模を示す概略のデータである。[*1]

表9　主要３ヵ国の海外投資

（単位：10億フラン）

年　次	イギリス	フランス	ドイツ
1862	3.6	—	—
1872	15	10（1869年）	—
1882	22	15（1880年）	?
1893	42	20（1890年）	?
1902	62	27～37	12.5
1914	75～100	60	44

このデータから分かるのは、資本輸出が飛躍的な発展を遂げたのはようやく二〇世紀初頭になってからだということである。第一次世界大戦前、主要三ヵ国が海外に投下した資本は、一七五〇億～二〇〇〇億フランに達していた。利益率を少なめに見積もって五パーセントとしても、主要三ヵ国が輸出した資本から得る収益は、年八〇億～一〇〇億フランに達するはずである。まさにそれを確固たる足場として、帝国主義独特の抑圧と搾取がおこなわれる。また、一握りの富める国による資本主義的な寄生がおこなわれる。犠牲になるのは、世界の大半の民族と国である。

この、海外に投下された資本は、さまざまな国の間でどのように配分されているのであろうか。また、投資先はどこ、なのだろうか。この問いに対しては、大雑把な答えしか得られない。とは言え、それを手がかりにすれば、現代の帝国主義に見られる基本的な力関係や従属関係を何がしか

表10　対外投資の大陸別分布（1910年前後、概数）

（単位：10億マルク）

	イギリス	フランス	ドイツ	合計
ヨーロッパ	4	23	18	45
アメリカ	37	4	10	51
アジア、アフリカ、オーストラリア	29	8	7	44
総　計	70	35	35	140

明らかにすることができよう（表10）。

イギリスでは、筆頭に来るのは植民地である。イギリスの植民地は、アジアそのほかの地域においてもそうだが、アメリカ大陸においても非常に広大である（たとえば、カナダ）。イギリスの巨額の資本輸出は、何よりも広大な植民地と緊密に結び付いている。帝国主義にとっての植民地の重要性については後述する。ところで、フランスでは事情が異なる。フランスの場合、海外投資先は主としてヨーロッパ、特にロシアである。対露投資は、一〇〇億フランを下らない。ちなみに、それは主としてロシア国債という形の貸付資本であって、産業界の企業に投入されているわけではない。フランスの帝国主義は、植民地に支えられたイギリス型帝国主義とは異なっており、金融帝国主義と称することができよう。ドイツの場合は、第三のタイプの帝国主義である。ドイツの植民地は広くない。かつ、海外に投下される資本の分布が、ヨーロッパとアメリカ大陸との間で比較的均衡している。

資本を輸入する国においては、受け入れた資本の影響を受けて資本主義が発達し、また発達の速度が大幅に加速される。実は資本輸出をおこなうと、その分、輸出国のほうでは若干発展が滞ることになるかもしれない。その可能性は、幾らかはある。そこまでして資本輸出がおこなわれるのは、要するに世界全体で資本主義の発達が拡大、充実するという代価が得られるからにほかならない。

資本を輸出する国は、一定の利益に与《あずか》る機会にほぼ常時恵まれている。そうした利益の性格を調べると、金融資本および独占の時代の特殊性が浮かび上がってくる。以下、一例として一九一三年一〇月にベルリンの『銀行』誌に掲載された文章を引用しよう。

〈国際資本市場においてはこのところ、アリストファネス風の喜劇が展開されている。諸外国が陰に陽に巨大金融市場に迫り、融資を要請しているのである。そのような要請は時として非常に執拗である。融資を求めている国は、スペインからバルカン半島に至るまで、また、ロシアからアルゼンチン、ブラジル、中国に至るまでさまざまである。金融市場は現在、供給にゆとりがあるわけではない。また、政治的見通しもバラ色ではない。しかし、いかなる国の金融市場も、融資をあえて拒むという挙には出られずにいる。それは、近隣のどこかの国が先に融資に応じ、それにともなって一定の見返りを確保してしまうのではないかと恐れるからである。実際、この種の国際的取引がおこなわれると、債権国の側に決まって何らかの便宜が供与される。債権国はたとえば、通商条約における譲歩、石炭貯蔵所、港湾施設、潤沢な利権、火砲の発注などを得る〉[*2]

金融資本によって独占の時代が形成されると、独占体は、いたるところに独占の原理を持ち込む。有利な取引をおこなおうとするあまり、公開市場での競争に取って代わって、ひも付き融資が横行する。借款の供与条件として、債務国が、供与された資金の一部で債権国の製品、特に武器や船舶などを購入することを義務付けられる。それは、ごくありふれた慣行となっている。フランスはこの二〇年間（一八九〇～一九一〇年）、はなはだ頻繁にこの種の手段に訴えた。資本輸出は、商品の輸出を奨励する手段となっている。その際、巨大企業同士の取引は、シルダー[*3]の控えめな表現を借りるなら、〈贈収賄の一歩手前〉のところに来ている。ドイツのクルップ、フランスのシュネデール(1)、イギリスのアームストロング(2)は、巨大銀行および政府との間に緊密な関係をもつ企業の実例である。借款の供与について取り決めを結ぶ際、これら企業を「避けて通る」ことは、容易なことではない。

フランスはロシアに借款を供与することによって、一九〇五年九月一六日の通商条約においてロシアに圧力をかけた。そして、一九一七年を有効期限として一定の譲歩を勝ち取った。一九一一年八月一九日の対日通商条約においても同様であった。オーストリアとセルビアの間では、一九〇六年から一九一一年にかけて、七ヵ月の中断をはさんで関税戦争が続いた。関税戦争の一因は、セルビアに対する軍需品の供給をめぐってオーストリアとフランスが競争していたことにある。ポール・デシャネルが一九一二年一月、議会で述べたところによると、フランスの企業は一九〇八年から一九一一年にかけて、セルビアに対して四五〇〇万フラン相当の軍事物資を供給した。

サンパウロ（ブラジル）駐在のオーストリア＝ハンガリー領事の報告書には、次のような記述がある。

〈ブラジルの鉄道敷設は大部分、フランス、ベルギー、イギリス、ドイツの資金でまかなわれている。これら諸国は、鉄道の敷設に関連して融資をおこなう際、「建設材料の供給はこちらに任せてもらう」との条件を押し付けてくる〉

このようにして金融資本は、文字どおり世界中の国々におのれの網を張りめぐらしている。そう言っても過言ではない。その際主役を演じているのは、植民地に設立されている銀行とその支店である。ドイツの帝国主義者は、植民地を領有する古参の国に羨望のまなざしを向けている。なにしろそれらの国は、右の点ではすこぶる首尾よく足場を固めているからである。一九〇四年の状況を見てみよう。たとえばイギリスは、植民地に銀行を五〇行擁しており、それらの銀行は二二七九の支店を従えていた（ちなみに一九一〇年になると、銀行の数は七二行に増え、支店数も五四四九店となった）。フランスの植民地の銀行は二〇行で、支店数は一三六店舗。オランダの場合は、銀行数一六で支店数六八。ドイツの場合、銀行は「全部でわずか」一三行、支店数は七〇であった。[*4] アメリカの資本家たちもこれまた羨望を抱いている。羨望の対象となっているのは、イギリスとドイツの資本家である。一九一五年のこと、アメリカ人資本家たちは次のように嘆いた。〈南アメリカでは、ドイツの銀行五行が四〇の支店を構え、イギリスの銀行五行が七〇の支店を擁している……。イギリスとドイツは過去二五年の間に、アルゼンチン、ブラジル、ウルグアイにおよそ四〇億ドル投資した。そしてその結果、それら三ヵ国の貿易総額の四六パーセントを我が物としている〉[*5]。しかし金融資本は、資本を輸出する国々は、比喩的に言うなら、世界を分割した。しかし、文字通りの世界分割をも引き起こしたのである。

訳註

1　シュネデール：フランスでシュネデール兄弟が一八三六年に創設した。重工業、エンジニアリング、電気製作の三部門から成る企業グループ。

2　アームストロング：イギリスの技術者で発明家のウィリアム・アームストロングが一八四七年に興した機械製作企業。のちに巨大軍需企業（Vickers Armstrong, Ltd.）に成長した。

第五章　世界の分割――独占団体相互間で

カルテルやシンジケート、トラストなど資本家の独占団体は、まず国内市場を相互に分割する。そしてその国の生産を、程度に差こそあれ、広範に占有する。他方、資本主義のもとでは、国内市場と海外市場が結びつくことは避けられない。資本主義が世界規模の市場を生み出して以来、相当の歳月が経つ。その間に資本輸出が増大した。また、巨大独占団体はあらゆる手立てを講じて海外との結び付きや植民地に対する縛りを強め、自己の勢力圏を拡張していった。それにつれて「必然的に」、独占団体が世界的な取り決めを結び、国際カルテルを結成するという事態に至った。

それは、世界規模での資本と生産の集中化が、新たな、従来よりもはるかに高度な段階を迎えたということである。このような超独占は、どのように進むものなのか。以下、その過程を見てみよう。

技術の最新の成果や、一九世紀の終わりから二〇世紀の初めにかけての資本主義の実態を如実に映し出すという点で、電機工業の右に出る産業はない。そして、電機工業の発展に関して世界に冠たる国と言えば、新興資本主義国の中で先頭に立っているアメリカ合衆国とドイツである。ドイツの場合、電機工業の集中化を特に強く促したのは、一九〇〇年の恐慌である。銀行はこの時点までに十分に産業界と癒着していた。そして、恐慌が起こったとき銀行は、比較的規模の小さい企業が破綻し大規模企業に併呑されるのを、大いに煽ったり、後押ししたりした。ヤイデルスは次のように述べている。

〈銀行は救いの手を引っ込めた。見捨てられたのは、ほかでもない、どこよりも助けを必要としていた企業である。そうすることによって銀行は、かつては狂乱景気を煽っておきながら、今度は、銀行との結び付きが不十分な会社を、うむを言わさず破産に追い込んだのである〉[*1]

その結果、一九〇〇年以降、集中化は飛躍的な前進を遂げた。一九〇〇年以前、電

図1　電機工業界における企業集団

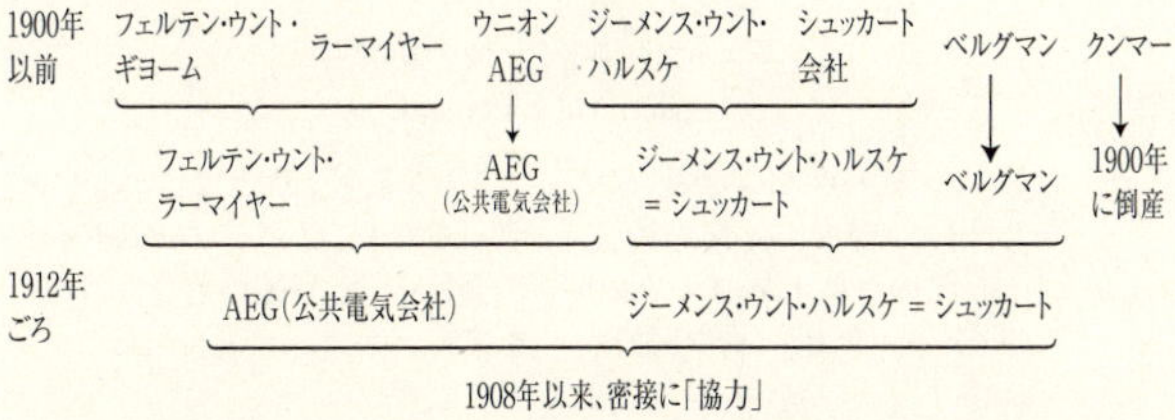

機工業界には七個か八個の企業「グループ」があった。各グループを構成しているのは、何社かの企業である（企業総数は二八）。また、各グループの背後には、それぞれ二行ないし一一行の銀行が控えていた。一九〇八～一九一二年までにこれらのグループは合流し、二個ないし一個の集団にまとまった。図1に、企業集団がまとまっていく過程を示そう。

有名なAEG（アルゲマイネ・エレクトリツィテーツ・ゲゼルシャフト）は、このようにして成長を遂げた。現在では、（持ち株会社を利用して）一七五～二〇〇社を傘下に収めている。資本は総額約一五億マルク（！）である。一〇ヵ国以上に置かれている在外代理店は、AEG直属のものだけでも三四社あり、そのうち一二社は株式会社である。すでに一九〇四年時点の推定で、ドイツ電機工業界が海外に投下した資本は二億三三〇〇万マルクに達しており、そのうち六二〇〇万マルクは対露投資と見られていた。言うまでもないことだが、

図2　ドイツとアメリカの電機産業の集中化

ジェネラル・エレクトリック・カンパニー
(General Electric Co.)

アメリカ	トムソン＝ハウストン会社、欧州に(合弁)企業を設立(下記のウニオン・エレクトリツィテーツ・ゲゼルシャフト社)。	エジソン会社、欧州に仏エジソン会社を設立。仏エジソンは、ドイツの会社(下記AEGの前身)に特許を譲渡。
ドイツ	ウニオン・エレクトリツィテーツ・ゲゼルシャフト社	アルゲマイネ・エレクトリツィテーツ・ゲゼルシャフト社(AEG)

アルゲマイネ・エレクトリツィテーツ・ゲゼルシャフト社(AEG)

ＡＥＧは巨大な複合企業である。メーカーだけで一六社を擁し、さまざまな製品を生産している。生産品目は、ケーブルや碍子《がいし》から自動車や飛行機にまで及ぶ。

だが、ヨーロッパにおける集中化は、アメリカにおける集中化の過程の一部でもあった。その過程は、図2のとおりに進んだ。

このようにして、二大電機帝国が誕生した。〈その二つの集団から完全に独立した電機会社はどこにも存在しない〉。ハイニヒは論文「電機トラストへの道」において、そう論じている。両トラストの売上げと企業規模に関しては、表11の数字を参照すれば、完全と言うにはほど遠いにしても、何がしかのイメージをつかむことができよう。

ついに一九〇七年、アメリカのトラストとドイツ

表11　二大電機トラストの企業規模

	年次	売上げ（100万マルク）	従業員数	純益（100万マルク）
アメリカ：ジェネラル・エレクトリック・カンパニー（GEC）	1907	252	28,000	35.4
	1910	298	32,000	45.6
ドイツ：アルゲマイネ・エレクトリツィテーツ・ゲゼルシャフト（AEG）	1907	216	30,700	14.5
	1911	362	60,800	21.7

のトラストとの間で、世界分割に関する協定が締結された。競争は排除された。ＧＥ（ジェネラル・エレクトリック・カンパニー）は合衆国とカナダを「受け取った」。ＡＥＧには、ドイツ、オーストリア、ロシア、オランダ、デンマーク、スウェーデン、トルコ、バルカン諸国が「提供された」。子会社に関して特別の――言うまでもなく秘密の――協定が結ばれた。それら子会社は、新しい産業分野に浸透していく。表向きはまだ山分けの対象となっていない「新規の」国々にも浸透していく。また、創意工夫や実験の成果を交換する体制も確立された。[*2]

自明のことであるが、このような、事実上の小宇宙と化した世界規模のトラストを相手に競争を挑むことは、はなはだ困難である。そのようなトラストは、数十億単位の資本をほしいままにし、世界の隅々にまでおのれの支社、支店、代理店、連絡事務所を張りめぐらせている。

しかしである。世界は二つの強力なトラストによって分割されはしたが、無論、世界が再分割される可能性は排除できない。再分割があり得るとしたら、力関係が変化した場合である。その原因となるのは、カルテルの発展の不均衡や戦争の発生、傘下企業の破綻などである。

そのような再分割の試みや再分割を目指す闘いは、石油産業に実例がある。そこから学ぶべき教訓は多い。

ヤイデルスは一九〇五年、次のように述べている。

〈世界の石油市場は現在も、二つの巨大金融グループによって二分されたままである。グループの一方は、ロックフェラー支配下のアメリカの石油トラスト、スタンダード・オイル。もう一方は、ロシアのバクー石油を支配するロスチャイルドとノーベルである。両グループとも、その内部ではしっかりとまとまっている。しかし、両者の独占的立場をこの数年来脅《おびや》かしている敵が五つある[*3]〉

第一に、アメリカの油田の枯渇。第二に、バクーを根拠地とするライバル企業、マンターシェフ石油。[1]第三に、オーストリアの油井で石油を採掘している企業。第四に、ルーマニアで石油を生産している企業。第五に、海外の油田、特にオランダの東インド植民地（インドネシア）の油田で石油を生産している企業（財力抜群でイギリス資本とも結び付いているサミュエル商会と同商会によって設立されたシェル石油輸送販売）。[2]三番目以下の各企業は、ドイツ銀行を筆頭とするドイツの大手銀行と結び付いている。それらの銀行は、独自に布石を打って石油産業を発展させた。「自前の」拠点を築くためである。その一例がルーマニアの石油産業であった。一九〇七年時点の推定で、ルーマニアの石油産業に投下された外国資本は一億八五〇〇万フラン相当。そのうち七四〇〇万フランはドイツ資本であった。[*4]

闘争が始まった。経済学の文献では、いみじくもそれを「世界分割」のための闘争と称している。一方では、ロックフェラーのスタンダード・オイルが丸取りの一念に駆られて、ほかならぬオランダに子会社を設立した。また、東インド（インドネシア）において油井を買い占めた。それは、主たる敵であるオランダ＝イギリス系トラスト、シェルに打撃を加えてやろうとの打算からだった。他方、ドイツ銀行を始めとするベルリンの各銀行は、「自己の利益を維持するために」ルーマニアを「守り抜く」構えていた。そしてロックフェラーを仮想敵として、ルーマニア＝ロシア連合の形成を画策した。ところがロックフェラーは、ドイツ側よりもはるかに巨大な資本を擁していた。また、石油を消費者のところに輸送、配達するための申し分のない組織も備えていた。闘争がドイツ銀行の完敗に終わるのは、必至であった。実際、一九〇七年にその通りになった。数百万単位の損失を耐え忍んでおのれの石油利権に片を付けるか、そうでなければ屈服するか――ドイツ銀行は、そのいずれかを選択しなければならなかった。ドイツ銀行は後者を選び、スタンダード・オイルとの間で非常に不利な協定を結んだ。この協定に従ってドイツ銀行は、「アメリカの利益に抵触するようなことは一切企てないこと」を義務付けられた。しかしこの協定は、ドイツで石油の国家独占に関する法律が通過した場合、効力を失うとの規定を含んでいた。

その直後に「石油をめぐる喜劇」が始まった。ドイツの金融王の一人でドイツ銀行の頭取であるフォン・グヴィンナーが私設秘書シュタウスを通じ、石油の独占を目指して煽動を開始したのである。ドイツ銀行の巨大機構だけでなく、政官界などとの幅広い縁故も総動員された。新聞は、アメリカのトラストのくびきを糾弾して「愛国調の」絶叫を繰り返すあまり、息を切らせる有様だった。帝国議会は一九一一年三月一五日、ほぼ満場一致で決議案を採択し、その中で政府に対し、石油の独占に関する法案を起草するよう勧告した。政府はこの俗受けする考えに飛びついた。ドイツ銀行の目論見では、協定相手であるアメリカ側を出し抜き、おのれの事業を国家独占によって立て直すつもりであった。同銀行の陰謀は成功したように見えた。ドイツの石油王たちは、ロシアの製糖業者に劣らず巨大な利益を得られるものと、早くも心を躍らせていた……。期待は外れた。第一に、ドイツの巨大銀行の間で、獲物の分配をめぐって内紛が起こった。ディスコント・ゲゼルシャフトが、ドイツ銀行の利己的な動機を暴いた。第二に、ドイツ政府がロックフェラーとの戦いに怖気づいた。というのも、ドイツがロックフェラーの頭越しに石油を手に入れられるかどうか、はなはだ疑わしかったからである（ルーマニアの石油の生産性は低い）。第三に、このとき折悪《あ》しく、一九一三年度予算のうち数十億マルクがドイツの軍事費に充てられることが決まった。石油独占の計画は延期された。ロックフェラーの石油トラスト、スタンダード・オイルは、とりあえず勝者となって戦いの場を後にした。

ベルリンの専門誌『銀行』はこの件に関し次のように論じている。〈スタンダード・オイルに対抗するためには、ドイツは電力の専売を導入しなければならない。また、安上がりな水力発電をおこなうことも必要である〉。しかし——と、同誌は付け加える。

〈電力の専売が実現するのは、生産者がそれを必要とするときである。つまり、次に電力会社に大破局が迫ってくるときである。あるいは、電力業界の民間「コンツェルン」が莫大な金を投入してあちこちで建設している巨大私営発電所が、操業開始後、黒字にならない場合である。ちなみに、コンツェルンはそれぞれの発電所のために、一定程度の専売を市当局や国から事前に認めてもらってはいるのだが。民間の電力会社が危機に陥るとどうなるか。その場合、水力発電が活用される。しかし、国が費用を負担して安上がりな水力発電をおこなおうとしても、それは土台無理である。国は再度、水力発電を「国家が規制する民間独占体」に引き渡すことを余儀なくされる。なぜなら、民間業界はすでに多数の契約を締結し、巨額の補償金を要求する権利を確保しているからである……。かつてカリの専売において、そのようなことが起こった。石油の専売に関しても現在、事情は同様である。電力の専売も同じことになるだろう。わが国の社会主義者はこれまで麗々しい原理原則に目を奪われてきたが、もうそろそろ、ドイツにおける独占体の実態を理解すべきであろう。ドイツの独占体は、消費者に利益をもたらすか、せめて国家に企業利益の一部を還元するといったことをしてきただろうか。答えは否である。そのようなことを目標に掲げたことも、実現したこともない。それどころか、破産直前の民間業界が国家の費用負担で息を吹き返すことだけを後押ししてきたのである*5〉

このように事実を事実として認めることは、大事なことである。ドイツのブルジョア経済学者たちはそれを余儀なくされている。右の引用文からはっきり見て取れるのは、金融資本の時代になると私的独占と国家独占が一体化するということである。また、どちらの独占形態も実際には、世界分割を目指す巨大独占資本家が繰り広げる帝国主義的闘争の断片にすぎないということである。

海運業においても、集中化が途方もなく進んだ結果、やはり世界分割が起こっている。ドイツで目を引くのは二大海運会社、ハンブルク＝アメリカと北ドイツ・ロイドである。両社とも資本は二億マルク（株式と社債）で、所有する船舶の評価額は一億八五〇〇万～一億八九〇〇万マルクであった。一方アメリカでは、一九〇三年一月一日、いわゆるモルガンのトラスト、正式にはインターナショナル海運（IMM）が設立された。同社は傘下に英米の海運企業九社を収め、その総資本は一億二〇〇〇万ドル（四億八〇〇〇万マルク）に及ぶ。早くも一九〇三年、ドイツの二大海運会社と英米系インターナショナル海運との間で、利益の分割にともなって世界分割協定が結ばれた。それに従ってドイツの海運会社は、イギリスとアメリカを結ぶ航路における事業上の競争を断念した。どの港湾がどこの会社に「提供されるか」が、事細かく定められたり、合同管理委員会が設立されたりした。協定の有効期限は二〇年であった。そして、戦争が勃発した場合には効力を失うという一項が手回しよく付け加えられていた。[*6]

国際鉄道レール・カルテルが形成された顛末《てんまつ》も、非常に貴重な教訓を与えてくれる。イギリス、ベルギー、ドイツのレール生産企業がそのようなカルテルを初めて結成しようとしたのは、早くも一八八四年のことである。当時、産業界は深刻な不景気に見舞われていた。取り決めがおこなわれ、国際カルテル協定に加わった国は、ほかの加盟国の国内市場において競争するのを差し控えることになった。また、海外市場を以下の割合で分割することも決まった。イギリス六六パーセント、ドイツ二七パーセント、ベルギー七パーセント。インドは丸ごとイギリスのものとなった。協定に加わらなかったイギリスの一企業は、カルテル全体を敵に回して闘うことを余儀なくされた。カルテル側は全体の売上げから一定の割合で資金を集め、それによって闘いの費用をまかなった。しかし一八八六年、イギリスの二つの会社が協定から脱退すると、カルテルは崩壊した。産業界が好況期を迎えたあとにカルテル協定が成立した例《ためし》はない。この点にカルテルの特徴が見られる。

一九〇四年初め、ドイツで製鉄シンジケートが設立された。一九〇四年一一月、国際レール・カルテルが、以下の分割比率で復活した。イギリス五三・五パーセント、ドイツ二八・八三パーセント、ベルギー一七・六七パーセント。次いでフランスがカルテルに加わった。フランスの割当は最初の年に四・八パーセント（正確には一〇四・八のうちの四・八、以下同様）、二年目に五・八パーセント、三年目に六・四パーセントであった。一九〇五年、合衆国の鉄鋼トラスト、USスチールが国際カルテルに加入した。オーストリアとスペインもそれに続いた。一九一〇年にフォーゲルシュタインが述べたことを引用してみよう。

〈今、世界の分割は完了した。国営鉄道を筆頭とする大口の鉄鋼消費者は、世界分割に際しておのれの利益を考慮してもらえなかった。そうである以上、彼らは、ゼウスの天上にとどまる詩人の如く生きることになろう〉[*7]

国際亜鉛シンジケートにも触れておこう。同シンジケートは一九〇九年に結成された。シンジケートの生産量は、ドイツ、ベルギー、フランス、スペイン、イギリスという五ヵ国の企業グループの間できっちりと割りふられた。次に、国際火薬トラスト。これは、リーフマンの表現を借りるなら、

〈ドイツの爆薬企業がこぞって結んだきわめて近代的で緊密な同盟である。それらドイツ企業はその後、同様の組織構造を備えた米仏のダイナマイト企業とともに、いわば全世界を山分けにしたのである〉[*8]

リーフマンの計算によれば、ドイツの参加する国際カルテルの総数は、一八九七年

時点で合計四〇前後。それは一九一〇年までに、早くも約一〇〇になったという。

ブルジョア著述家の中には、国際カルテルを擁護する者もあった。K・カウツキーもその一人である。カウツキーはかつて――たとえば一九〇九年頃に――それまで信奉していたマルクス主義的立場に背く発言をしている。カウツキーらによれば、国際カルテルは資本主義の国際化を何よりも鮮明に浮き彫りにするものであり、国際カルテルのおかげで資本主義のもとでの国際平和に期待を寄せることができるのだという。このような見解は、理論的に見てまったくの愚論である。そして、実践的には詭弁であり、御都合主義の論法である。それは、日和見《ひよりみ》主義の中でも最悪のものを臆面もなく擁護することを目的としている。国際カルテルを観察すれば、資本主義独占体が現在どこまで成長を遂げたのかが理解できる。また、何をきっかけとしてそれら独占体の間で闘争が勃発したのか、が分かる。何よりも重要なのは、後者、すなわち独占体同士の闘争の原因である。それを究明しない限り、現在起こっていることの歴史的、経済的意味を解明する手がかりはつかめない。なぜなら、闘争の形態は変化する可能性があるし、実際、それはさまざまな、どちらかと言えば部分的一時的な事情に左右されて絶えず変化しているからである。ところが、闘争の本質、あるいは闘争のうちに秘められた階級対立という内実は、階級が存在する限りまったく変わることがないのである。言うまでもないことだが、現代の経済闘争（世界分割）の内実をぼかし、この闘争のさまざまな形態を強調するという行為は、利敵行為である。受益者は、たとえば、ドイツ・ブルジョアジーである。カウツキーが犯しているのは、まさにそうした過ちである。ちなみにカウツキーは、理論面での立場において、事実上、ドイツ・ブルジョアジーの側に転向したに等しい（この点については後述）。ところで、問題はドイツのブルジョアジーではなく、全世界のブルジョアジーである。資本家はことさらに悪意があって世界を分割しているわけではない。集中化が極限にまで達した結果、利益を得るためにやむなくそうした手段に訴えているのである。資本家たちが世界分割の基準とするのは、資本の大小、すなわち力の大小である。商品生産と資本主義のシステムにおいては、それ以外の分割方法はあり得ない。力はというと、経済的、政治的発展に左右されて変化する。今起こっている事象を理解するために知っておく必要があるのは、いかなる問題が力の変化によって解決されようとしているのか、ということである。この「力の変化」は、経済面に限った変化なのだろうか。それとも経済以外の（たとえば、軍事的な）変化なのだろうか。実のところ、それは第二義的な問題であって、どちらであろうと資本主義の最新段階に対する基本的な見方を修正する必要はない。資本家団体が相互におこなう闘争と取引の内実に関する問題を、闘争と取引の形態に関する問題にすり替える者がある（闘争と取引の形態は、今日は平和的、明日は好戦的、明後日もやはり好戦的といった具合で、一貫性がない）。そのようなすり替え論に与《くみ》する者は堕落し、詭弁家の役割を担うことになる。

資本主義の最新段階が教えてくれるのは、次のことである。資本家団体は相互に、経済面での世界分割に基づいて一定の関係を構築しようとする。同時に、それに釣られて政治同盟相互の間でも、また国家と国家の間でも一定の関係が形成される。それを促進するのは、領土面での世界分割や植民地獲得競争、経済的勢力圏を求める闘争などである。

訳註

1　マンターシェフ石油：アレクサンドル・I・マンターシェフが一八九九年にバクーで創業した石油採掘企業。

2　シェル：起源は、ロンドンの骨董商マーカス・サミュエル（一七九七〜一八七〇年）が始めた貿易商会。同商会がのちに石油事業に進出し、設立したのがシェル石油輸送販売。シェルはのちに、インドネシアで石油開発を進めるオランダのロイヤル・ダッチとの間で協力関係を深めた。両社は一九〇七年に提携し、ロイヤル・ダッチ・シェルとなった。

第六章　世界の分割——列強の間で

地理学者A・ズーパンは「ヨーロッパの領有する植民地の領土的発展」に関する著作の中で、一九世紀末におけるその現象を表12のように要約している。[*1]ズーパンの結論によれば、〈この時代の特徴は、結局、アフリカとポリネシアの分割である〉。アジアとアフリカには、占有されていない土地、すなわちどの国家にも属していない土地は存在しない。そうである以上、ズーパンの結論を敷衍《ふえん》して、「考察の対象となっている時代は、土地の最終的な分割を特徴としている」と述べたほうがよかろう。ここでいう「最終的」とは、資本主義諸国の植民地政策が、地球上の未占有だった土地の獲得を完了したという意味である。再分割があり得ないという意味ではない。なにしろ、世界の再分割は可能であるし、必然的でもあるのだから。いずれにしても、世界は初めて分割済みの状態になった。したがって、今後あるのは再分

表12　ヨーロッパの宗主国(合衆国も含む)に属する土地面積の比率 (%)

地域＼年代	1876年	1900年	増減
アフリカ	10.8	90.4	+79.6
ポリネシア	56.8	98.9	+42.1
アジア	51.5	56.6	+ 5.1
オーストラリア	100.0	100.0	—
アメリカ	27.5	27.2	− 0.3

割だけである。再分割とは、土地の「所有者」が交代するという意味である。それまで所有者不明だったのが、「主《あるじ》」のいる状態になる、ということではない。

現代は要するに、全世界を対象として植民地政策がおこなわれている独特の時代である。「資本主義の発達における最新段階」とは、切っても切れない関係にある。金融資本との関係も同様である。したがって、何よりも実証的なデータを詳しく検討することが必要不可欠である。そうでないと、この時代が前の時代とどのように異なっているのか、また、事態が現在どうなっているのかを克明に解明することはできない。ここで真っ先に思い浮かぶのは、事実にかかわる疑問である。第一に、植民地政策が強化され、植民地獲得競争が激化するという現象は、金融資本の時代にしか見られないのだろうか。第二に、植民地という観点からすると、世界は現在、具体的にどのように分割されて

表13　植民地の規模

国／年次	イギリス領 面積（100万平方マイル）	イギリス領 人口（100万人）	フランス領 面積（100万平方マイル）	フランス領 人口（100万人）	ドイツ領 面積（100万平方マイル）	ドイツ領 人口（100万人）
1815〜1830	?	126.4	0.02	0.5	—	—
1860	2.5	145.1	0.2	3.4	—	—
1880	7.7	267.9	0.7	7.5	—	—
1899	9.3	309.0	3.7	56.4	1.0	14.7

いるのだろうか。

アメリカの著述家モリスは植民地化の歴史に関する労作[*2]を著し、その中で、一九世紀のさまざまな時代区分ごとにイギリス、フランス、ドイツがどの程度の植民地領有をおこなっていたのかについて、データのとりまとめを試みている。表13は、モリスが得た結果の概略である。

植民地の獲得にいちじるしく拍車がかかった時期はいつか。イギリスの場合は一八六〇〜一八八〇年。フランスとドイツの場合は、一九世紀最後の二〇年である。ちなみにその二〇年間、イギリスもまだ植民地の獲得をかなり精力的に進めていた。上述のとおり、独占資本主義以前の資本主義、すなわち自由競争の支配する資本主義が発達を遂げて極限に達した時期は、一八六〇〜一八七〇年である。今分かったのは、この時期が過ぎてから、植民地の獲得がとてつもない「盛り上がり」を見せ、領土面での世界分割をめぐる闘争が極端に激化したということである。要するに、資本主義が独占資本主義ないしは金融資本の段階に至ると、それにともなって、世界分割をめぐる闘争が激化するのである。それは疑いのない事実である。

ホブソンは『帝国主義論』の中で、一八八四〜一九〇〇年の時期をヨーロッパの主要国が「膨張」(領土の拡大)を強めた時代として特別扱いしている。ホブソンの試算によれば、イギリスはその間に面積三七〇万平方マイルと人口五七〇〇万人を獲得した。フランスの獲得分は、三六〇万平方マイルと三六五〇万人。ドイツの取り分は、一〇〇万平方マイルと一四七〇万人。ベルギーは九〇万平方マイルと三〇〇〇万人。ポルトガルは八〇万平方マイルと九〇〇万人。一九世紀末、特に一八八〇年代以降、あらゆる資本主義国が植民地の獲得を目指したことは、外交史の周知の事実となっている。

イギリスにおいて自由競争が全盛期を迎えた一八四〇〜一八六〇年ごろ、同国の指導的ブルジョア政治家は、植民地政策に反対していた。そして、植民地を解放しイギリス本体から完全に分離することを、必然的かつ有益なことだと考えていたのである。M・ベーアは一八九八年に発表した論文「最新のイギリス帝国主義」[*3]の中で次のように指摘している。〈ディズレーリのような、総じて帝国主義的な傾向の強いイギリスの政治家が一八五二年、「植民地は、我々にとって重い足かせとなっている」と述べた〉。ところが一九世紀末になると、イギリスではセシル・ローズやジョゼフ・チェンバレンらが時代の寵児となっていた。彼らは公然と植民地主義を唱道し、帝国主義的政策を推進していた。それでいて、一向に恥じるところがなかった！

なかなか興味深いことに、当時すでにチェンバレンらイギリス・ブルジョアジーの指導的政治家には事の真相が分かっていた。彼らは、最新の帝国主義を支えるいわば純経済的な基盤が、社会・政治的な基盤と結びついているということを理解していたのである。チェンバレンは帝国主義を、「頭脳的かつ経済的な、真を衝いた政策」であるとして擁護した。チェンバレンはその際、イギリスが世界市場でドイツ、アメリカ、ベルギーの側から仕掛けられた競争に直面していることをことさらに指摘した。救いは独占にある――。資本家はそのように主張し、カルテル、シンジケート、トラストを設立していった。救いは独占にある――。そのように連呼しながら、ブルジョアの政治指導者は躍起になって、世界でまだ山分けの対象になっていない部分の獲得を目指した。セシル・ローズの親友でジャーナリストのステッドが語るところによると、ローズは一八九五年、自分の帝国主義思想をステッドに向かって次のように話して聞かせたという。

〈きのう、ロンドンのイースト・エンド（労働者地区）に行き、失業者の集会を訪ねた。そこで絶叫調の演説を聴いた。弁士は「パンを寄越せ！」とひっきりなしに叫び声を挙げていた。私は帰り道、目の当たりにしたことを胸のうちで反芻し、帝国主義が重要だということを以前にも増して確信した……。私の念願は、社会問題を解決することである。つまり、連合王国の住民四〇〇〇万人が血で血を洗う内戦に陥るのを防ぐことである。そのためには、我々のように植民地政策に携わる者は、新たな土地を手に入れなければならない。そうすれば、そこに余剰人口を移すことができる。また、工場や鉱山で生産される商品を売りさばくための新たな販路も見つかる。これは私の持論だが、帝国は胃袋の問題である。もし内戦を望まないのであれば、帝国主義者にならなければならない〉[*4]

一八九五年に、セシル・ローズはこのように述べた。ローズは大富豪にして金融王である。そして、南ア戦争（ブール戦争）の首謀者である。ローズの帝国主義擁護論は強引であって、悪びれたところがない。しかしその点を除けば、それは本質的にマスロフ、ジュデクム、ポトレソフ、ダーフィト、ロシアのマルクス主義創始者プレハーノフらの「理論」と大同小異である。セシル・ローズは、それらの連中よりもいくらか余計に本音を語る社会主義的排外愛国主義者なのである……。

領土的に見た場合、世界はどのように分割されているのであろうか。また、過去数十年間、世界の分割状況はどのように変化してきたのであろうか。その実態をできるだけ克明に描き出したい。そこで、ズーパンの前掲書（世界列強の植民地領有を論じた著作）の資料を利用しよう。ズーパンが取り上げているのは一八七六年と一九〇〇年である。ここでは、一八七六年を俎上に載せることにしよう。一八七六年という年は、取り上げるのに恰好の年である。なぜなら、まさにこの年までに西ヨーロッパ資本主義が独占資本主義以前の段階における発展を完了したと見なすことが、ほぼ可能だからだ。次に一九一四年を取り上げる。その際、ズーパンの挙げた数字に代えて、ヒューブナーの『地理統計表』に基づく新しい数字を利用することにする。ズーパンは植民地だけを対象としているが、我々は、非植民地諸国と半植民地諸国についても、デ

表14　列強の植民地領有

（面積単位：100万㎢、人口単位：100万人）

	植民地				本国		合計	
	1876年		1914年		1914年		1914年	
	面積	人口	面積	人口	面積	人口	面積	人口
イギリス	22.5	251.9	33.5	393.5	0.3	46.5	33.8	440.0
ロシア	17.0	15.9	17.4	33.2	5.4	136.2	22.8	169.4
フランス	0.9	6.0	10.6	55.5	0.5	39.6	11.1	95.1
ドイツ	—	—	2.9	12.3	0.5	64.9	3.4	77.2
合衆国	—	—	0.3	9.7	9.4	97.0	9.7	106.7
日本	—	—	0.3	19.2	0.4	53.0	0.7	72.2
6大国の合計	40.4	273.8	65.0	523.4	16.5	437.2	81.5	960.6
その他の強国(ベルギー、オランダ、その他)の植民地							9.9	45.3
半植民地（ペルシア、中国、トルコ）							14.5	361.2
その他の諸国							28.0	289.9
全　世　界							133.9	1,657.0

ータをかいつまんで補足しておくことが有益だと考える。そうすれば世界分割の全体像を描き出すことができるからである。なお、ここで半植民地として扱われるのは、ペルシア、中国、トルコである。ペルシアはすでに、あと一歩で完全に植民地化するところまで来ている。中国とトルコも植民地化への道をたどりつつある。

かくして、表14が得られる。

この表から一目瞭然に見て取れるのは、世界の分割が一九世紀末から二〇世紀の初めにかけて「完了した」ということである。植民地の面積は一八七六年以降、飛躍的に増加した。六大国の場合、植民地は一・五倍以上になった。すなわち四〇〇〇万平方キロメートルから六五〇〇万平方キロメートルへと増加した。増加分は二五〇〇万平方キロメートルである。これは、宗主国の面積（一六五〇万平方キロメートル）の一・五倍に相当する。一八七六年の時点では、三大国（ドイツ、アメリカ、日本）の領有する植民地は皆無。フランスの植民地も、なきに等しいものだった。ところが、一九一四年までにこれら四大国（独米日仏）は、面積一四一〇万平方キロメートルの植民地を獲得した。これは、ヨーロッパの面積のほぼ一・五倍である。獲得した植民地には、ほぼ一億人が居住している。植民地の拡大にともなって発生する不均等は、いちじるしかった。たとえば、フランス、ドイツ、日本を比較してみよう。これら三国（本国）の面積と人口にさしたる差はない。だが、フランスが獲得した植民地の面積は、ドイツと日本が獲得した植民地の合計のほぼ三倍に匹敵する。一方、金融資本の規模を尺度とすると、フランスは恐らく、考察の対象となっている時期の初頭において、ドイツと日本を合わせたよりもやはり何倍か裕福だったはずである。植民地領有の規模を左右するのは、純経済的条件だけではない。それを基盤としながらも、地理的条件やそのほかの条件も影響を及ぼす。確かに、過去数十年の間、世界の均一化が大いに進んだ。また、さまざまな国の経済条件や生活条件が、大規模産業、交易、金融資本の圧力のもとで平準化した。しかし、そうはいっても、依然として差は残っている。しかも、その差は小さくない。上記六大国の間でも、驚異的なスピードで前進を遂げた新興資本主義諸国（アメリカ、ドイツ、日本）もあれば、古参の先進資本主義国（フランス、イギリス）もある。後者の進歩の速度は最近、前者に比べてはるかに遅くなっている。残る一国は、六大国の中で経済的に最も後れを取っているロシアである。ロシアでは、最新の資本主義を特徴とする帝国主義が、いわば前資本主義の濃密なしがらみによって、がんじがらめにされている。

表14には、列強の植民地領有と並んで小国の小規模植民地を並べておいた。それらの植民地は、来たるべき植民地「再分割」の、いわば絶好の標的となっている。通常、小国に植民地がゆだねられるのは、大国が相互の利害の対立や摩擦を解決できず、獲物の分割を取り決めることができないからにすぎない。「半植民地国家」について言うと、それら諸国は、自然界と社会のあらゆる領域に見られる過渡的形態の実例である。金融資本は、いかなる経済関係においても、またいかなる国際関係においても、巨大な力を発揮している。いわば決定的な力を握っているわけである。だからその気

になれば、完全な政治的独立を享受している国をも支配することができる。また実際に、支配している。その実例については後述する。しかし言うまでもなく、金融資本にとってこの上なく都合の良い、そしてこの上なく大きな利益をもたらす支配は、ほかでもない、従属する国と国民から政治的独立を剝奪する支配である。その点、半植民地は「中間段階」の典型である。これらの半従属国をめぐる闘争が、金融資本の時代にひときわ先鋭化せざるを得なかったのは、もっともなことである。なにしろ、世界の残りの部分はすでに分割済みだったのだから。

植民地政策と帝国主義は、資本主義が最新段階を迎える前にも存在していた。それどころか、資本主義が出現する以前にも存在していた。たとえば、奴隷制に立脚していたローマは植民地政策を推進し、帝国主義を実現していた。しかし、帝国主義を十把一からげにする議論は、社会、経済体制の根本的な差を忘れるか、脇に押しやるかしており、必然的に空虚な俗論か空論に堕することになる。その一例が、「大ローマと大ブリテン」の比較論[*5]である。資本主義的植民地政策であっても、資本主義の従来の段階に属しているのであれば、それは、金融資本を特徴とする植民地政策とはいちじるしく異なる。

最新の資本主義の基本的特徴は、巨大企業から成る独占団体が支配者になるということである。そのような独占団体がこの上なく堅固になるのは、原材料の供給源をひとつ残らず手中に収めるときである。すでに述べたとおり、独占資本家の国際団体は、ライバルに競争の余地を与えまいと必死になり、また、鉄鉱石の鉱山や油田などを買収するために血道を上げている。植民地を領有しさえすれば、独占の成功は完全に保証される。なぜなら、ライバルとの抗争という不測の事態を全面的に排除することができるからである。不測の事態の極端な例としては、ライバルが国家専売法を成立させて身を守ろうとするケースなどもある。資本主義の発達が進むにつれて、原材料の不足が鋭く実感されるようになる。また、原材料をめぐる争いが世界中で激化し、植民地獲得競争が熾烈《しれつ》になる。

シルダーは次のように述べている。

〈あるいは奇異に思う人もいるかもしれないが、次のような主張をすることは可能であろう。すなわち、都市工業人口の増加は、早晩、食品の不足よりもむしろ工業原料の不足によって頭打ちになる可能性がある〉。たとえば、木材の不足が深刻化し、その価格は高騰の一途をたどっている。皮革や繊維工業の原料も同様である。〈企業家が相互に結成する団体は、世界経済全体の枠内で農業と工業を均衡させさせようと試みている。たとえば一九〇四年、一部工業大国の木綿紡績業経営者の団体が国際団体を結成した。次いで一九一〇年、それを範としてヨーロッパの亜麻紡績業者の団体を統合する国際団体が結成された[*6]〉

言うまでもないことだが、ブルジョアの改良主義者、その中でも特に今日のカウツキー主義者は、この種の事実の意義を過小評価しようとしている。彼らはその論拠として、次のように指摘する。「犠牲が大きくて危険な」植民地政策を採用しなくとも、原料は自由な市場で調達することが「できるだろう」。原材料の供給は、農業環境全般を「手軽に」改善することによって、大増産することが「できるだろう」――。しかしそのような意見は、帝国主義を肯定または粉飾する邪論に堕する。なぜならそれは、最新の資本主義の主たる特徴である「独占」を等閑視して組み立てられているからである。自由な市場は、過去へ向かって遠ざかる一方である。独占的シンジケートとトラストは日を追うごとに市場を蚕食《さんしょく》している。農業環境の「手軽な」改善はつまるところ、一般大衆の境遇の改善、賃金の上昇、資本家の利潤の低下という形を取る。感傷的な改良主義者の空想の世界は別として、一体どこに、植民地の獲得をそっちのけにして一般大衆の境遇を心配するトラストが存在するだろうか。

金融資本にとって価値があるのは、発見済みの資源ばかりではない。潜在的な資源も価値がある。なぜなら現代においては、技術が驚異的な速度で発達しつつあり、今はやせた土地でも、将来は肥沃な土地になるかもしれないからである。ただしそのためには、新たな開墾方法を発見しなければならない(それを目的として、大手の銀行は、技術者や農業専門家の特別チームの派遣をおこなうこともあろう)。また、莫大な資本を投入することも必要になってくる。鉱物資源の探査についても、原料を加工し有効利用するための新機軸についても、同じことが当てはまる。いずれにしても、将来性を買うからこそ金融資本は、経済的勢力圏や、さらには領土一般を拡張しようと躍起になる。それは避けられないことである。トラストは、現在の利益ではなく、将来得られるかもしれない利益や将来の独占の成果を見越す。そして、おのれの資産を二倍三倍に評価する。それと同様に、金融資本も一般的に、できるだけ沢山の土地を獲得することを目指す。その際、その土地の性格や所在、獲得方法を問うことはない。潜在的な資源のことが気にかかり、熾烈な土地獲得競争に後れを取りはしないかと心配でならないからである。ちなみに土地獲得競争は、地球上のまだ分割されていない最後の土地を目指す場合もあれば、すでに分割された土地の再分割を目指す場合もある。

イギリスの資本家はおのれの植民地であるエジプトにおいて、綿花栽培の振興を図るためにあらゆる手立てを講じている。一九〇四年には、エジプトの耕地面積二三〇万ヘクタールのうちすでに六〇万ヘクタールが綿花の栽培地になっていた。これは、全耕地の四分の一以上に相当する。一方、ロシアの資本家も、おのれの植民地であるトルキスタン(1)で同様のことをおこなっている。なぜか。そのやり方なら、第一に、外国の競争相手を撃破することが容易になる。第二に、資源を独占できるので、経済効率と利潤率の高い繊維トラストを設立することが容易になる。そのトラストでは、「生産の統合《コンビネーション》」を実施し、綿花の生産と加工のすべての段階を一手に握ることになる。

同様に、資本輸出によって得られる利益も、植民地獲得競争を煽る一因となっている。というのも植民地市場では、独占的方法によって競争者を排除し、販路を確保し、しかるべき「きずな」を確立することが容易になるからである。植民地以外の場では、そういうことができない場合が多い。

金融資本に根ざして成長する上部構造には、政策やイデオロギーなど、経済外的側面もある。植民地獲得熱は、それらの経済外的要因によって煽られる。〈金融資本が欲するのは自由ではない。支配である〉とヒルファーディングはいみじくも述べている。フランスのあるブルジョア著述家は、先に引用したセシル・ローズの思想[*7]をあたかも敷衍するかのように、〈現代の植民地政策の経済的原因には、社会的原因をも付け加えるべきである〉と述べ、さらに次のように言葉を継いでいる。

〈生活苦が深刻化している。それは、労働者階級のみならず中流階級をも圧迫している。その結果、古くからの文明国では押しなべて、ある種の感情の鬱積《うっせき》が生じている。それは「焦燥や憤怒、憎悪である。そのために、社会の安寧が脅《おびや》かされている。固定された階級の枠からエネルギーがあふれそうになっている以上、それを利用する手立てを見つける必要がある。またそのようなエネルギーには、国外においてはけ口を与えてやらなければならない。さもないと、国内で爆発が起こる[*8]」〉

現代の帝国主義は、資本主義に立脚する帝国主義である。そのような帝国主義の植民地政策を論じている以上、指摘しておくべきことがある。それは、金融資本およびそれに連動する国際政治（要するに、経済や政治面での世界分割を目指す列強の闘争）に起因して、一口に帝国主義国に対する従属と言っても、さまざまな過渡的形態が出現しているということである。資本主義的帝国主義の時代を代表するのは、二つの基本的な国家集団（植民地領有国と植民地）ばかりでない。さまざまな形態の従属国も、この時代の典型である。それら従属国は、政治面に関して表向きは自立しているが、実際には、金融と外交面のしがらみによって縛られ、従属を強いられている。このような形態の一例、すなわち半植民地については上述した。それとは別の例として、アルゼンチンが挙げられる。

シュルツェ＝ゲーヴァニッツはイギリスの帝国主義に関する著書の中で、次のように述べている。

〈南米、特にアルゼンチンのロンドンに対する経済的依存は非常に密である。し

たがってアルゼンチンは、イギリスの事実上の商業植民地と称すべきであろう〉[*9]

オーストリア＝ハンガリーのブエノスアイレス駐在領事が公表した一九〇九年度分の報告を基にシルダーが試算したところ、イギリスがアルゼンチンに投下している資本は、八七億五〇〇〇万フランであった。イギリスの金融資本とその忠実な「盟友」の立場にあるイギリス外交は、投資を梃子《てこ》として、アルゼンチンのブルジョアジーや、同国の政治、経済活動全体を指導するエリート層との間に、強固なきずなを培ったはずである。それは想像に難くない。

「政治的には独立、経済と外交面では従属」というパターンに属していながら、アルゼンチンの場合とやや異なった形態を見せているのは、ポルトガルである。ポルトガルは独立主権国家であるが、スペイン継承戦争[(2)]（一七〇一～一七一四年）以来二〇〇年余にわたって、事実上イギリスの保護下にある。イギリスは、スペインやフランスなどのライバルとの闘争において自己の足場を固めなければならなかった。それゆえに、ポルトガルとその植民地を守ってきたのである。イギリスはその代わり、通商上の特恵を確保した。すなわち、ポルトガルとその植民地に対する商品輸出もさることながら、特に資本輸出を促進するための絶好の条件を得た。また、ポルトガルの港湾や島嶼《とうしょ》、海底ケーブルを利用する権利も獲得した。[*10] 大国と小国との間に見られるこの種の関係は、個別的なものであれば、歴史上どこにでも見られる。だがそれは、資本主義的帝国主義の時代を迎えて以来、普遍的な慣行になろうとしている。それはまた、「世界分割」の過程に組み込まれ、世界金融資本の活動の一翼を担おうとしている。

世界分割の問題を締めくくるに当たって、さらに次のことを指摘しなければならない。ほかならぬ一九世紀末と二〇世紀初頭において、まったく歯に衣《きぬ》を着せることなく明確にこの問題を提起したのは、米西戦争以後のアメリカの文献や南ア戦争（ブール戦争）以後のイギリスの文献だけではない。また、世界分割という事実を理路整然と評価したのは、だれよりも強い「羨望に駆られて」「イギリス帝国主義」を見守ってきたドイツの文献だけではない。フランスのブルジョアの文献においても、この問題は取り上げられた。問題の取り上げ方は、ブルジョア的観点からするなら十分に歯切れが良く、かつ華々しかった。ここで、歴史家ドリオを引用しよう。ドリオは、『一九世紀末の政治的、社会的問題』と題する著書の「列強と世界分割」という章の中で、次のように論じている。

〈この数年の間に、中国を例外として、世界の未占有地はことごとくヨーロッパと北米の列強によって占拠された。それを背景として、すでに何度か紛争と勢力の移動が起こっている。これは、近い将来起こるもっと恐ろしい爆発の前触れである。なにしろ、持たざる国民は分け前にありつけないかもしれないし、来たる二〇世紀の既成事実となるはずの大規模な土地開発にも参加できないかもしれないのだ。だから、一刻の猶予もならない。ヨーロッパ全土とアメリカが近年、植民地拡大熱すなわち「帝国主義」熱に取り憑かれたのは、まさにそれゆえのことである。帝国主義は、一九世紀末の最も顕著な特徴である〉

ドリオは続けて次のように述べている。

〈このように世界分割が進められている。また、地球上の天然資源と巨大市場をめぐる必死の争奪戦がおこなわれている。そうした中、今世紀（すなわち一九世紀）に誕生した帝国の力を相互に比較すると分かることだが、各帝国の力は、それら帝国を建設した国民が現在ヨーロッパにおいて占めている地位とまったく不釣合いなものになっている。ヨーロッパにおいて優位に立ち、ヨーロッパの運命を握っているからといって、その強国が世界全体においても同様に優位に立っているというわけではない。植民地の力が作用し、未知の富を所有したいという欲求が働くために、ヨーロッパ列強の相対的な実力に影響が及ぶ。それは明らかである。したがって、植民地問題――ご希望に沿って言い換えるなら「帝国主義」――に煽られてすでに変化をきたしているヨーロッパ自体の政治的環境は、今後、一層はなはだしく変化するであろう[*11]〉

訳注

1　トルキスタン：チュルク諸族の住む中央アジア（現在のカザフスタン、ウズベキスタン、キルギスタン、トルクメニスタン）を指す。

2　スペイン継承戦争：一七〇〇年にスペイン王が子をもうけないまま亡くなったことが発端。当初、フランスのルイ一四世が、孫をフェリペ五世としてスペイン王位に就け、ブルボン家の支配をスペインに及ぼすことに成功したが、ハプスブルク家のオーストリアがこれに反発、新大陸のスペイン領植民地に関心をもっていたイギリス、オランダなどと同盟し、フランスとの間で戦端を開いた。ポルトガルものちにこの同盟に加わった。

第七章　資本主義の特殊な段階としての帝国主義

さて今度は、暫定的な総括をおこない、帝国主義について上述したことを要約しておかなければならない。帝国主義は、資本主義一般の基本的性質を拡大し、直接継承する形で成長を遂げた。しかし資本主義は、その発達が一定の非常に高度な段階を迎えたときに初めて帝国主義になったのである。その段階に至ると、資本主義の基本的な特性は、それと正反対のものへと変容し始めた。また、資本主義から高次元の社会経済体制に至る移行期の特徴が、あらゆる領域で形成され、表面化し始めた。この過程で起こる基本的経済現象は、資本主義的独占が資本主義的自由競争に取って代わる、ということに尽きる。自由競争は、資本主義と商品経済一般の基本的属性である。独占は、自由競争の正反対の存在である。ところが、この自由競争がみるみるうちに独占へと変容し始めたのである。それにつれて、小規模生産が大規模生産によって駆逐され、大規模生産は巨大生産によって駆逐された。かくして、生産と資本が集中化し、そこを母胎として独占体が成長を遂げるに至った。独占体とは、カルテルやシンジケート、トラスト、そして、それらの団体と一心同体の関係にある資本を指す。資本の所有者は、数十億単位の資金を運転する銀行である。一方独占体は、自由競争を母胎として成長を遂げるのであり、それを排除することはしない。むしろ、自由競争の上に君臨したり、その脇に陣取ったりする。その結果として、非常に深刻な矛盾、摩擦、軋轢《あつれき》が随所に生じる。独占とは、資本主義が高次元の体制へ移行する際の過渡的現象なのである。

仮に帝国主義をできるだけ簡潔に定義付ける必要に迫られたら、「帝国主義とは、資本主義の独占段階のことである」と述べればよかろう。このような定義であれば、最重要点が盛り込まれる。なぜか。第一の理由はこうだ。金融資本は銀行資本である。銀行資本を所有しているのは、独占体と化した少数の巨大銀行である。そしてその銀行資本は、産業界の独占団体の資本と融合している。第二に、世界分割は、植民地政策の変容にともなう過渡的な現象である。植民地政策は元来、いずれの資本主義大国もまだ占有していない領域に向かって思う存分拡大することを目指すものである。しかしそれは、分割し尽くされた領土の独占的所有を特徴とする植民地政策へと転換するのである。

しかし、極端に簡潔な定義は、重要な点をまとめているという点では都合が良いけれども、定義すべき現象の本質的な特徴をつかみ取ろうとすると、やはり不十分なところが出てくる。それでは、どうしたら良いだろうか。一般的に、あらゆる定義の意義は、条件付きで相対的なものである。したがって、定義に頼るばかりでは、ある現象が完全に熟した段階で周囲とどのような結びつきをもつかを全面的に把握することはできない。そのことを承知した上で、帝国主義の五つの特徴を含んだ定義をすればよいだろう。(一) 生産と資本の集中化が非常に高度な発展段階に到達し、その結果として、独占が成立していること。そして、そのような独占が経済活動において決定的な役割を果たしていること。(二) 銀行資本と産業資本が融合し、その「金融資本」を基盤として金融寡占制が成立していること。(三) 商品輸出ではなくて資本輸出が格段に重要な意義を帯びていること。(四) 資本家の国際独占団体が形成され、世界を分割していること。(五) 資本主義列強が領土の分割を完了していること。

帝国主義とは、特殊な発展段階に達した資本主義のことである。その段階に至ると、独占体と金融資本の支配が形成され、資本輸出が際立った意義を帯びるようになる。また、国際トラストが世界分割を開始し、資本主義列強が地球上の領土の分割を完了する。

右に掲げた帝国主義の定義は、基本的な純経済的概念の枠内にとどまるものである。しかし、後述するように、それ以外の問題をも念頭に置くなら、定義の仕方は別のものになり得るし、ならざるを得ない。「それ以外の問題」とは、こうである。資本主義の現段階は、資本主義一般の歴史においてどこに位置付けられるのか。また帝国主義は、労働運動における二つの主要な潮流とどのような関係にあるのか。だが、今指摘しておくべきは、以下のことである。すなわち、上述の意味での帝国主義は、言うまでもなく、資本主義の特殊な発達段階のことを指しているということである。読者に対してできるだけ説得力のある帝国主義のイメージを示したいと考えているので、これまでのところ、ブルジョア経済学者の見解をできるだけ多く引用するよう心がけてきた（なにしろ、それら経済学者は、最新の資本主義経済に見られる事実――特に、議論の余地なく検証された事実――を認めざるを得なくなっているのである）。それと同じ目的で、詳細な統計データを引用してきた。そうすれば、銀行資本が正確にどの程度まで成長を遂げているのかが分かる。また、量から質への転換、つまり発達した資本主義から帝国主義への転換が具体的にどの点に現れているのかも分かる。無論、言うまでもないことだが、自然界と社会の間の境界線は暫定的なものであって、固定的なものではない。だから、帝国主義が最終的に確立したのは西暦何年かとか、あるいは何年代かとか議論するなら、それは愚にもつかぬことである。

しかし、帝国主義の定義については、まずK・カウツキーと論争しなければならない。カウツキーはいわゆる第二インターナショナルの時代、すなわち一八八九年から一九一四年にかけての二五年間、マルクス主義理論の第一人者であった。カウツキーは一九一五年にも、またそれよりも早く一九一四年一一月にも、我々が掲げている帝国主義に盛り込まれた基本的思想に対して、きわめて断固たる反論を加えている。カウツキーの言い分はこうである。

帝国主義は、経済の「局面」あるいは段階ではなくて政策を意味している。具体的に言うなら、金融資本の「好む」一定の政策を意味している。そう理解すべきである。帝国主義は、「現代の資本主義」と「同一視」されるべきではない。仮に、帝国主義という言葉が「現代資本主義のありとあらゆる現象」（カルテル、保護主義、金融資本家による支配、植民地政策）を意味していると解釈しよう。その場合、資本主義は必ず帝国主義をともなうのかという問題は、「すこぶる陳腐な同義反復」に堕する。というのも、右の解釈に従うなら、「当然ながら、資本主義にとって帝国主義は切っても切れない存在である」ということになるからである――。

カウツキーの考えていることを正確に描き出したい。そのためには、カウツキーが下した帝国主義の定義を引用するのが一番である。カウツキーの定義は、我々が本書において叙述している考え方の本質を真っ向から否定しようとするものである（なぜか。ドイツのマルクス主義者は長年にわたって我々同様の考え方を支持してきた。その陣営から浴びせられる反対意見は、マルクス主義内部の一派が唱える意見だけに、カウツキーにとって以前から馴染みがあったのである）。

カウツキーの帝国主義の定義は以下のとおりである。

〈帝国主義は、高度に発達した産業資本主義の産物である。それは、産業資本主義国の国民の志向に端を発する。それらの国民は、できるだけ多くの農業（傍点はカウツキー）地域を併合し支配したいと願っているのである。その際、そこに

いかなる民族が住んでいるかということには無頓着である〉[*1]

この定義はまったく無益である。なぜか。第一にそれは一面的である。すなわち、民族問題だけを恣意《しい》的に取り上げている（民族問題はそれ自体非常に重要であるし、帝国主義との関係においても重要ではあるのだが）。第二に、他民族を併合する国の産業資本だけを民族問題の元凶としている。これは、根拠と正確さを欠いた立論である。第三に、同じく根拠も正確さも欠いたまま、農業地域の併合を前面に押し出している。

帝国主義とは、領土の併合を志向することである――。カウツキーの定義の政治的部分は、このように要約できよう。この定義は正しい。しかし、きわめて不完全である。なぜなら政治的に見た場合、帝国主義は結局のところ、暴力と反動を志向することだからである。それはそれとして、我々の関心を惹くのは事の経済的側面である。ほかならぬカウツキーも、自分の定義に経済的側面を組み込んでいるが、定義の不正確さは目に余る。帝国主義に特徴的なのは、産業資本ではなくて金融資本なのである。フランスで一八八〇年代以来、産業資本が弱体化する一方で金融資本が非常に急速な発達を遂げ、まさにそれにともなって領土併合政策（植民地政策）に拍車がかかった。

それは偶然ではない。帝国主義に特徴的なのは、ほかでもない、農業地域のみならず、最先進工業地域をも併合しようとする欲求である（ドイツはベルギーに、フランスはロレーヌ[1]に食指を動かしている）。どうして工業地域を狙うのか。第一に、世界分割が完了している以上、再分割をおこなうとすれば、地球上のあらゆる土地に手を伸ばさざるを得ないからである。第二に、少数の大国による覇権争いは、帝国主義の本質だからである。覇権争いとは、領土獲得競争のことであるが、それは、直接に自国の利益を図るというよりもむしろ敵の力を弱め、その覇権を覆すことを目的としている。ドイツにとってベルギーが特に重要なのは、イギリスと競争する際の拠点となるからである。イギリスにとってバグダッドが特に重要なのは、ドイツとの競争の際に拠点となるからである。

カウツキーは重点的に、しかも再三にわたってイギリス人の発言を引用する。カウツキーによればそれらイギリス人は、カウツキーの言う「帝国主義」の純政治面での意味を確立したというわけである。イギリス人であるホブソンを引用しよう。ホブソンの『帝国主義論』（一九〇二年刊）には、次のような一節がある。

〈新型の帝国主義は、在来型の帝国主義と異なっているところがある。第一に、成長途中にある一個の帝国が抱く野心に代わって、競争し合う複数の帝国が体現する理論と実践が支配的になる。競争し合う帝国はいずれも、似たような衝動に駆られ、政治上の拡大と通商上の利益を求める。第二に、商業的利益よりも、金融による利益や投資に関係する利益が優先される〉[*2]

この引用文から、次のことが見て取れる。カウツキーがイギリス人一般を引き合いに出すのは、事実上、完全に誤りである（カウツキーが引き合いに出しても構わないのは、俗流イギリス帝国主義者か露骨な帝国主義支持者だけである）。また、次のことも見て取れる。すなわち、カウツキーは依然としてマルクス主義を擁護していると自称しているが、実際には、社会自由主義者であるホブソンと比べても退歩しているのである。現代の帝国主義が備えていて、「歴史上具体的に現れた」二つの特徴を、ホブソンは的確に考慮に入れている（カウツキーの定義ときたら、歴史的具体性を嘲弄《ちょうろう》しているに等しい！）。第一に、複数の帝国主義が相互間で競争を繰り広げていること。第二に、商業経営者よりも金融資本家が優位に立っていること。

カウツキーのように工業国による農業国の併合を主題にするなら、それによって前面に押し出されるのは、貿易業者の支配的役割である。

カウツキーの定義は不正確で、かつ非マルクス主義的である。それだけではない。それは、マルクス主義の理論および実践といささかも相容れるところのない思想体系を支えているのである。このことについては後述する。カウツキーは、「資本主義の最新段階は帝国主義と称するべきか、それとも金融資本の段階と称するべきか」などと、用語論争を提起した。だがそれは、まったく取るに足らぬことである。好きなように呼べばよかろう。どちらでも同じことなのだから。事の本質は次の点にある。すなわち、カウツキーの手にかかると、帝国主義の政策は帝国主義の経済から切り離されてしまう。また、領土併合は金融資本の「好む」政策と解釈される。それはまた、同じように金融資本に支えられて出現するかもしれない（とカウツキーの主張する）別のブルジョア的政策と同列に論じられてしまうのである。こうなると、経済における独占は、政治における暴力的、強制的、侵略的な行動様式をともなうとは限らないということになる。また、領土面での世界分割は、帝国主義以外の政策と両立することになる（ところが世界分割は、ほかならぬ金融資本の時代に完了している。そうであればこそ、資本主義列強間の競争は、現在のような一種独特の様相を呈するのである）。最新段階の資本主義のはらむ根の深い矛盾がえぐり出されるどころか、逆に曖昧にされてしまい、マルクス主義に代わってブルジョア改良主義が出てくる。

カウツキーは、帝国主義と併合政策を擁護するドイツ人クノーと論争をおこなっている。クノーの立論はお粗末で、おこがましい。クノーは次のように主張する。「帝国主義とは、現代の資本主義である。資本主義の発達は必然的で進歩的である。だから、帝国主義は進歩的である。したがって、帝国主義を敬い、賛美しなければならない！」。

クノーの言っていることは、ナロードニキ[2]が一八九四年から一八九五年にかけてロシアのマルクス主義者を揶揄《やゆ》して描いた戯画に似ている。ナロードニキに言わせるとこうである。「マルクス主義者は、ロシアにおける資本主義が不可避で進歩的であると考えるのであれば、居酒屋でも開いて資本主義の普及に取り組んだらよかろう」。カウツキーはクノーに対して次のように反論を加えている。「いや、帝国主義イコール現代資本主義というわけではない。帝国主義は、現代資本主義が推進する政策の一形態にすぎない。だからこそ、そのような政策や帝国主義、領土併合を相手に闘うことが可能であり、義務であるのだ」。

一見したところ、カウツキーの反論はいかにももっともらしく聞こえる。だが実際には、帝国主義との妥協を勧める巧妙な、底意のある（したがって危険な）説教に等しい。なぜなら、トラストや銀行を特徴とする経済の根幹を衝かないまま、トラストや銀行の政策と論戦をおこなうなら、それは、ブルジョア改良主義や平和至上主義に陥り、無邪気で善意にあふれた呼びかけと化すからである。現存の矛盾を徹底的に究明するどころか、それらの矛盾を論じるのを避け、矛盾の中で最重要のものを等閑視する――これがカウツキーの理論である。そこには、マルクス主義との共通点は何もない。そして、言うまでもないことだが、そのような「理論」は、クノーらと共通する思想を擁護するのに役立つだけである！

カウツキーは次のように述べている。〈資本主義がさらにもう一段階進んで、カルテルの政策をそのまま対外政策として受け入れる超帝国主義の段階に至るということはあるだろうか。純経済的観点から見れば、あり得ないことではない〉[*3]。カウツキーによれば、超帝国主義の段階になると、世界中のさまざまな帝国主義が闘争をやめて団結する。そして、資本主義の下にあっても戦争は終結し、〈国際的に団結した金融資本が世界を全体的に搾取する〉ようになる。[*4]

この「超帝国主義理論」についてはあとで詳しく検討する。この理論とマルクス主義との間にどれほど決定的な懸隔があるかは、その際に詳細に示すことにしよう。ここではとりあえず、本書の全体的な青写真に従って、この問題に関する正確な経済的データを一瞥しておく必要がある。「純経済的観点から」見た場合、成立可能なのは「超帝国主義」だろうか、それとも超空論だろうか。

純経済的観点の意味を「純粋な」抽象と解するなら、議論の余地はせばまり、すべては、以下の命題に言い尽くされる。「発展の行き着く先は複数個の独占であり、それはさらに、一個の世界的な独占ないしトラストへと至る」。この命題は自明であるが、まったく空疎でもある。それはちょうど、「発展の行き着く先」は実験室の中での食品の生産である、と指摘するのにも似ている。この意味において超帝国主義の「理論」は、「超農業理論」とも言うべきものと同列の愚論である。

金融資本時代を二〇世紀初頭の歴史的に具体的な時代として取り上げ、その時代の「純経済的な」条件について論ずるとしよう。その場合、「超帝国主義」という無益な抽象論に対抗する最善策は何か。超帝国主義という抽象論が、現存の深刻な矛盾から注意をそらすという反動的目的に加担するものである以上、そうした抽象論に対しては、現代の世界経済の具体的な経済的現実を突きつけることが何よりである。ついでに言っておくと、超帝国主義に関するカウツキーの内容空疎な駄弁は、本質的に誤った見方を煽っている。それによると、世界経済内部の不均衡と矛盾は、金融資本の支配によって緩和されるのだという。ところが現実には、それらの現象は激化しているのだから、そのような見方は、帝国主義を擁護する連中を有利にする。

カルヴァーは『世界経済入門』と題するコンパクトな著書の中で[*5]、純経済的なデータのうち最重要のものをまとめている。それらのデータを利用すれば、一九世紀末から二〇世紀初頭にかけての世界経済内部の相互関係を具体的に描き出すことができる。カルヴァーは世界を、五つの主要な「経済地域」に分類している。すなわち、(一)中央ヨーロッパ(ロシアとイギリスを除く全ヨーロッパ)、(二)イギリス、(三)ロシア、(四)東アジア、(五)アメリカである。植民地は、宗主国の経済地域に含められている。以上の五つの経済地域に含まれていない一部諸国、たとえば、アジアではペルシアやアフガニスタン、またアフリカではモロッコやアビシニア[(3)]などは、議論の対象からはずされている。

表15　世界の地域別経済指標　(　)内の数字は植民地の面積と人口

世界の主要経済的地域	面積 (100万km²)	人口 (100万人)	交通機関 鉄道 (1,000km)	交通機関 商船 (100万t)	貿易 輸出入計 (10億マルク)	工業 石炭採掘高 (100万t)	工業 銑鉄生産高 (100万t)	工業 綿紡績業の紡錘数 (100万錘)
(1)中央ヨーロッパ地域	27.6 (23.6)	388 (146)	204	8	41	251	15	26
(2)イギリス地域	28.9 (28.6)	398 (355)	140	11	25	249	9	51
(3)ロシア地域	22	131	63	1	3	16	3	7
(4)東アジア地域	12	389	8	1	2	8	0.02	2
(5)アメリカ地域	30	148	379	6	14	245	14	19

カルヴァーが引用した各地域の経済データを簡略化して表15に示した。

資本主義が高度に発達している（つまり、運輸、商業、工業のいずれもがよく発達している）地域が三つある。すなわち、中央ヨーロッパ、イギリス、アメリカである。その中には、世界に君臨する三ヵ国（ドイツ、イギリス、合衆国）が含まれている。それら三ヵ国の帝国主義的な競争と闘争は、熾烈をきわめている。というのは、ドイツは領域が限られており、植民地もわずかしかないからである。「中央ヨーロッパ」が完成するのは将来のことである。中央ヨーロッパはまだ、必死の闘争の中でようやく産声を上げている段階にすぎない。今のところヨーロッパ全体は、政治的分裂状態を特徴としている。それとは逆にイギリスとアメリカの領域では、政治的集中が非常に高度に進んでいる。ただし、イギリスの植民地は広大で、一方、アメリカのそれはわずかしかない。その点に関しては、はなはだしい不均衡が生じている。なお、植民地においては、資本主義はようやく発達の緒についたところである。南アメリカ争奪戦は、激化する一方である。

資本主義の発達がまだ不完全な二つの地域は、ロシアと東アジアである。ロシアの人口密度がきわめて希薄であるのに対し、東アジアの人口密度はきわめて稠密である。ロシアでは政治的集中は大いに進んでいるが、東アジアではそのような現象は見られない。中国の分割はようやく始まったところである。日本、合衆国そのほかの国による中国争奪は、熾烈になるばかりである。

現実を見てみると、経済的、政治的条件はとてつもなく多様であり、国ごとの発展の速度も極端に食い違っている。そして、帝国主義国家の間では死に物狂いの闘争がおこなわれている。このような現実を、「平和的な」超帝国主義を云々するカウツキーの馬鹿馬鹿しい夢物語とつき合わせてみるがよい。カウツキーの言っていることは、困惑した小市民が苛烈な現実から身を隠そうとくわだてる反動的な試みである。それ以外の何物でもない。カウツキーは、実験室における錠剤の生産に超農業の萌芽を発見してのけるのと同じように、国際カルテルに「超帝国主義」の萌芽を見出す。だが、国際カルテルが示しているのは、世界の分割および再分割の実例ではないのだろうか。また、平和的な分割から敵対的な分割への逆行の実例ではないのだろうか。かつてアメリカそのほかの金融資本は、国際レール・シンジケートや国際海運トラストなどにドイツの参加を得て、全世界を平和裏に分割したものだ。だが、金融資本は今や、敵対的方法によって生じつつある新たな力関係に立脚して、世界を再分割しつつあるのではないか。

金融資本とトラストは、世界経済のさまざまな部分に見られる発展の速度差を、縮めるどころか逆に拡大する。そして、ひとたび力関係が変化した場合、資本主義のもとでは、力以外のどこに矛盾の解決を求められるだろうか。世界経済における資本主義と金融資本の成長のさまざまな速度に関するきわめて正確なデータは、鉄道の統計に見られる。[*6] 帝国主義が発達してきた過去数十年の間、鉄道の総延長は表16のとおり変化を遂げた。

表16　世界の鉄道

（単位：1,000km）

地　域	1890年	1913年	増加分
ヨーロッパ	224	346	122
アメリカ合衆国	268	411	143
全植民地	82	210	128
	125	347	222
アジア・アメリカの独立国と半独立国	43	137	94
合　計	617	1,104	487

要するに鉄道建設が急速だったのは、アジアとアメリカ大陸にある植民地と独立国（および半独立国）であった。周知のように、それらの地域では四ヵ国ないし五ヵ国の資本主義列強の金融資本が、全面的な支配をおこなっている。アジアとアメリカ大陸にある植民地やそのほかの国に総延長二〇万キロメートルの鉄道が新設されたわけだが、これは、四〇〇億マルク以上の新規投資がなされたことを意味している。投資は破格の好条件のもとでおこなわれた。すなわち、収益の特別保証が付いていたり、製鉄工場に対する高利潤の発注が約束されていたりした。

資本主義がどこよりも急速に発達したのは、植民地と海外の諸国である。その中から、新しい帝国主義諸国（たとえば、日本）が出現している。世界の帝国主義国同士の闘争が先鋭化している。金融資本が特段に実入りのよい植民地や在外企業から取り立てる上納金は、増大す

表17　世界列強の鉄道（本国と植民地の合計）

（単位：1,000km）

国別	1890年	1913年	増加分
合衆国	268	413	145
大英帝国	107	208	101
ロシア	32	78	46
ドイツ	43	68	25
フランス	41	63	22
5大国の合計	491	830	339

る一方である。この「稼ぎ」を分配するに際して、ことのほか大きな部分を手中に収める国がある。ところがそれらの国は、生産力増大の速さにおいて必ずしも常に先頭に立っているわけではない。大国の鉄道の総延長は、植民地の分も合わせると、表17のとおりである。

表16と照らし合わせると分かるが、鉄道の総延長の約八〇パーセントは、五大国に集中している。しかし、鉄道の所有権と金融資本の集中ぶりは、それをはるかに上回っている。というのは、イギリスやフランスなどの大富豪が、アメリカやロシアなどの鉄道の株式と債券を大量に所有しているからである。

イギリスは「自国の」鉄道網を拡大した。植民地のおかげである。総延長の増加分は一〇万キロメートルで、これはドイツの四倍である。一方、周知のとおり、この間ドイツの生産力は大幅に拡大し、特に、石炭産業および製鉄業の成長は、フランスやロシアは言うまでもなくイギリスをもはるかに上回っていた。一八九二年、ドイツの銑鉄《せんてつ》の生産高は、イギリスの六八〇万トンに対し、四九〇万トンであった。一九一二年になると、ドイツとイギリスの銑鉄の生産高はそれぞれ一七六〇万トンと九〇〇万トンになった。つまり、ドイツがイギリスより優位に立っているのである！*7　生産力の発展や資本蓄積の現状は、金融資本にとっての植民地および「勢力圏」の分割状態と食い違っている。ここで疑問が生じる。資本主義を足場にしたまま、そのような食い違いを解消するとすれば、戦争以外にいかなる手段があるだろうか。

訳註

1　ロレーヌ（Lorraine）：アルザスとともに独仏国境に位置する。

2　ナロードニキ：一八七〇年代に出現したロシア独特の革命思想の担い手を指す。ロシアの農村共同体（ミール）を基盤とすることにより、資本主義の段階を一気に飛び越して社会主義を実現することができる、と主張していた。「人民の中へ」（ヴ・ナロード）をスローガンとして、人民（農民）の支持を掘り起こそうとしたが、失敗に終わる。マルクス主義者とは、基本的に対立関係にある。

3　アビシニア（Abyssinia）：エチオピアの旧称。

第八章　資本主義に見られる寄生と腐敗

さて今度は、さらにもう一つ帝国主義の非常に重要な側面について検討を加えなければならない。その側面は、帝国主義をテーマとする大部分の議論において十分には評価されないのが通例である。この点でマルクス主義者ヒルファーディングは、非マルクス主義者であるホブソンと比べて一歩後退しており、そこにヒルファーディングの弱点がある。今言おうとしているのは、帝国主義に固有の寄生という現象である。

これまで見てきたとおり、帝国主義の最重要の経済的基盤は独占である。それは、資本主義的な独占であり、資本主義を母胎として成長する。周囲は、資本主義の一般的な環境、すなわち商品生産と競争を特徴とする環境によって取り囲まれている。独占は、そのような環境との深刻な矛盾に絶えず悩んでいる。しかし、それにもかかわらず、資本主義的独占はあらゆる独占と同様に、どうしても停滞と腐敗に陥る傾向をまぬかれない。たとえ一時的にせよ、独占価格が確定する以上、技術面での進歩や前進の動機がある程度失われるし、それに連動してそのほかの面でも進歩の動機が希薄になる。そしてさらに、技術的進歩を人為的に妨げるための経済的余地が出てくる。一例を挙げよう。アメリカでオーウェンスという人物が、ガラス瓶を製造する機械を発明した。その機械は、瓶の製造に革命をもたらすものであった。ところが、ドイツの瓶製造業者のカルテルは、オーウェンスの特許を買い占めてそれをお蔵入りさせたのである。特許の利用を妨げるためである。無論、資本主義のもとでの独占の場合、競争が世界市場からいつまでも完全に排除されたままになることは決してない（ちなみに、超帝国主義理論が空論となる原因はここにある）。確かに、技術の改良を導入すれば、生産費用を削減して利益をふくらます余地があるわけだから、それは変化をもたらす方向に作用する。しかし、独占に固有の、停滞と腐敗の傾向が依然として作用し続ける。一部の産業分野や一部の国においては、一定期間、そのような傾向が優勢となる。

　特大の植民地や生産力の高い植民地、また地の利の良い植民地を独占することも、同じ方向に作用する。

話を先に進めよう。帝国主義とは、莫大な額の貨幣資本が一部の国に集積することである。蓄積された資本は、すでに見たように、有価証券で一〇〇〇億〜一五〇〇億フランに上る。それを温床として、金利生活者という階級――いや、正確に言うなら階層――が異常な成長を見せる。金利生活者とは、いかなる企業においても活動せず、無為に時を過ごすことを生業《なりわい》とする人々である。金利生活者の出現を助長するのは、資本輸出である。資本輸出は、帝国主義の本質的な経済基盤の一部である。資本輸出に起因して、金利生活者層が生産活動から完全に切り離され、その状態が一層固定化される。また、海のかなたの南の国々や植民地の労働を搾取して生活している国は、全体的に、寄生の痕跡を帯びることになる。

ホブソンは次のように述べている。〈一八九三年、海外に投下されたイギリスの資本は、連合王国の国富全体の約一五パーセントだった〉[*1]。読者の注意を喚起しておこう。一九一五年までにこのような資本は約二・五倍に増えたのである。ホブソンはさらに次のように述べている。

〈侵略的な帝国主義は、納税者にはおそろしく高くつく。工業や商業の経営者にとっては、ほとんど意味がない。……だがそれは、おのれの資本の投下先を探し求めている資本家にとっては多大の利益の源泉となっている〉……（そのような資本家のことを英語では、investor という一個の単語で表している。それは、「投資をおこなう金利生活者」といったような意味である）。〈大ブリテンが外国や植民地との貿易（すなわち輸入と輸出）の手数料から得る年間収入は、統計専門家ギッフェンの試算では、一八九九年の一年間で一八〇〇万ポンド（一億七〇〇〇万ルーブル）だった。ギッフェンは、貿易額（八億ポンド）に二パーセント半を乗じてこの数字をはじき出している〉

この数字は大きい。だがこの数字を持ち出したところで、イギリス帝国主義がなぜ侵略的なのかを説明することはできない。イギリス帝国主義の侵略性を説明するためには、金利生活者層が「投下した」資本から得る総額九〇〇〇万〜一億ポンドの収入に言及しなければならない。

金利生活者の収入は、世界随一の貿易国が貿易によって得る収入の五倍にのぼる！　まさにここに、帝国主義と帝国主義的寄生の本質が示されている。

そのようなわけで、「金利生活国家」あるいは高利貸し国家という概念は、帝国主義に関する経済文献においてよく使われるようになっている。世界は、一握りの高利貸し国家と圧倒的多数の債務国とに分かれた。シュルツェ＝ゲーヴァニッツは次のように述べている。

〈海外投資の中で首位を占めるのは、政治的従属国あるいは同盟国に振り向けられる資本である。イギリスはエジプトや日本、中国、南米に借款を供与している。イギリスの艦隊は、緊急事態が発生すると強制執行官の役割を果たす。イギリスはその政治力によって、債務国の反乱から身を守っている〉[*2]

ザルトリウス・フォン・ヴァルタースハウゼンは著書『海外投資から見た国民経済体制』において、「高利貸し国家」の実例としてオランダを挙げ、〈今やイギリスとフランスもそのような国家に変身しようとしている〉と指摘している。[*3] シルダーは、五つの工業国（英、仏、独、ベルギー、スイス）を「隠れもない債権国」としている。シルダーがオランダをこの中に含めなかった理由は、「工業化の度合いが低い」ということに尽きる。[*4] 合衆国は債権国であるが、債権はアメリカ大陸にしか及んでいない。シュルツェ＝ゲーヴァニッツは次のように述べている。

〈イギリスは徐々に工業国から債権国へと変貌しつつある。絶対値で見た場合、イギリスの工業生産と工業製品輸出は増加している。しかし、国民経済全体において相対的に重みを増しているのは、利子や配当金に基づく収入、あるいは証券の発行、仲介業務、投機に基づく収入である。私の意見では、まさにこの事実こそ、帝国主義の躍進を支える経済基盤なのである。債権者と債務者の関係は、売り手と買い手の関係よりも緊密である[*5]〉

ドイツについて、ベルリンの専門誌『銀行』の発行人A・ランスブルクは一九一一年、「金利生活国家ドイツ」と題する論文において、次のように論じている。

〈フランスにおいては、とかく金利生活者になりたがる傾向が見られる。ドイツではそのような傾向を物笑いの種にしたがる。ところが、ドイツ人はその際、ドイツの状況もブルジョアジーに関する限り、次第にフランスに似たり寄ったりになっているということを忘れているのである〉[*6]

金利生活国家とは、寄生的資本主義あるいは腐敗する資本主義を特徴とする国家のことである。そのような状況の影響を否応なく被るのは、広く見れば当該諸国の社会的、政治的な環境全般であり、その中では特に、労働運動の二大潮流である。このことをできるだけ鮮明に示すために、ホブソンの発言を引用しよう。証人としてはホブソンほど「頼りになる」人物はいない。というのも、ホブソンが「マルクス主義信仰」に執着することなど、考えられないことだからである。その一方で、ホブソンはイギリス人であって、イギリスの国内事情に通じている。そのイギリスはと言えば、植民地や金融資本の規模、帝国主義的経験の豊かさなどの点で他国を圧倒しているのである。

南ア戦争（ブール戦争）の印象がまだ冷めやらないうちにホブソンは、帝国主義が「金融資本家」の利益と結びついている様子や、金融資本家の利益が軍需品の売買契約や納入などを通じて増大する有様を描写し、次のように述べている。

〈この露骨な寄生的政策を指導しているのは、資本家である。だが、資本家に作用するのと同じ動機が、ある特殊な種類の労働者にも影響を及ぼしている。大半の都市において、産業の最重要部門は政府発注に依存している。冶金業や造船業の中心地が帝国主義を支持するのは、少なからずこの事実に起因すると考えられる〉

ホブソンによれば、旧来の帝国を弱体化させた原因は二種類ある。第一は、「経済的寄生」である。第二は、従属民族を利用した軍隊編成である。〈前者は、経済的寄生という慣例である。それを通じて支配国は属州、植民地、従属国からうまい汁を吸い、自国の支配階級を富ませたり、下層階級を買収して黙らせたりする〉。次のように付け加えておこう。そのような買収工作は、いかなる形で実施するにせよ、独占のもたらす高利潤に支えられないことには、経済的に不可能である。

第二の原因について、ホブソンは次のように論じている。

〈帝国主義の無謀な性格を示す奇妙な症状の一つに、イギリス、フランス、そのほかの帝国主義国が帝国主義的支配に乗り出すときの無造作ぶりがある。イギリスはその点で他国の追随を許さない。イギリスはインド帝国を征服するために戦闘を繰り返したが、その大半は、先住民から成るイギリス軍がおこなったのである。インドでは――そして、近年ではエジプトでも――大規模な常備軍はイギリス人の指揮下に置かれている。イギリスのアフリカ攻略に関係する戦争はほぼすべて、我々に代わって先住民がやってくれたのである。例外はアフリカ南部の場合だけである〉

中国分割の見通しについてホブソンは以下のとおりの経済的評価を下している。

〈中国が分割された場合、大半の西ヨーロッパの外観や性格は、現在のイングランド南部やリヴィエラ、それにイタリアやスイスの観光地や高級住宅街などと似たものになるかもしれない。そこに住むのは、極東から配当金と年金を届けてもらうほんの一握りの金満貴族と、それよりはいくらか人数の多い専門職の使用人や商人、そして、もっと多数の召使いや労働者である。労働者は輸送業や製品の最終加工に従事する。基幹産業部門は消えてなくなる。食料品と半製品はアジアとアフリカから上納品として流れ込んでくる〉。〈西ヨーロッパ諸国の拡大同盟、換言するならヨーロッパ列強連合は、まさに右のような事態を招く可能性がある。それは、世界文明の事業の前進を阻むだけでなく、西洋の寄生化という危険を意味しかねない。つまり、先進工業国群を特別の立場に立たせる危険がある。その場合、それら諸国の上層階級はアジアとアフリカから莫大な上納品を受け取り、その上納品の力を借りて、大勢の従順な使用人と召使いを維持するだろう。そして、使用人たちは農業製品や工業製品の大規模生産に従事するのではなく、新興金融貴族の監視のもとに個人的な奉仕や二次的な工業活動に従事するだろう。このような理論（正しくは「見通し」）を、検討するに値しないとして一蹴する者は、現代のイングランド南部地方の経済的、社会的環境に思いを致したらよかろう。イングランド南部はすでにそのような状況に陥っている。このほかにも考えてもらいたいことがある。つまり、そのような体制がとてつもなく拡大することがあり得る、ということである。それは、金融資本家や「投資家」、そして政治や実業の分野で金融資本家に仕える者たちが似たような集団を次々に形成して中国を征服する場合である。そして、中国という史上最大の潜在的貯水池から利益を汲み出し、その利益をヨーロッパで利用する場合である。言うまでもなく、事態はあまりにも複雑であり、世界の各勢力の動きを予想することはきわめて難しい。したがって、このように（あるいは別様に）将来を一方向でだけ解釈するなら、その的中率はあまり高いものにはならない。しかし、西ヨーロッパの帝国主義を左右する影響力は、現在のところ、その方向に向かって動いている。抵抗を受けたり、ほかの方向に逸《そ》らされたりすることがなければ、それは、まさに右に描いた結末に向けて作用する〉[*7]

ホブソンはまったく正しい。非現実的な仮定になるが、もし抵抗に遭わないとすれば、帝国主義勢力はまさにそこに行き着くであろう。現代の帝国主義という状況における「ヨーロッパ合衆国」の意義は、右の引用文において正しく評価されている。ただ、以下のことを付け加えておくべきである。すなわち、労働運動の内部でも、大半の諸国においてとりあえず勝利を収めた日和見《ひよりみ》主義者が、まさにそのような方向に向けて絶え間なく、また脇目もふらず「活動している」ということである。帝国主義とは何か。世界を分割することである。また、中国に限らずさまざまな国を搾取することである。そして、一握りの富める国が、独占に支えられて高利潤を享受することである。帝国主義は、プロレタリアートの上層部を買収するための経済力を生み出し、そうすることによって日和見主義を培養し、形成し、強化する。ただ、忘れてならないのは、帝国主義一般もさることながら特に日和見主義に抵抗する勢力の存在である。当然のことながら、ホブソンの目にはそのような勢力は映らない。

ドイツの日和見主義者ゲルハルト・ヒルデブラントに登場願おう。ヒルデブラントはかつて帝国主義を擁護したかどで党を除名されたが、今なら、ドイツのいわゆる「社会民主」党の領袖になってもおかしくない人物である。ヒルデブラントはホブソンの説明を手際良く補足する形で、（ロシア抜きの）「西ヨーロッパ合衆国」を擁護している。それによると、西ヨーロッパ合衆国の目的は「共同」行動にあり、それを通じてアフリカの黒人や「大イスラム運動」を抑えこみ、「強力な陸海軍」を維持し、「中国＝日本連合」を阻止するのだ、という。[*8]

シュルツェ＝ゲーヴァニッツも「イギリス帝国主義」を描写し、寄生という現象の同じ特徴を教示してくれている。一八六五年から一八九八年にかけて、イギリスの国民所得はおよそ二倍になったが、この間に、「海外から」入ってくる収入は、九倍になった。帝国主義の「功績」は、「（強制的にならざるを得ない）教育を黒人に施して労働を仕込む」という点にある。一方、帝国主義の「危険性」はこうだ。「ヨーロッパは黒人に肉体労働を押しつける。当初は農業と鉱業を、その後はもっと辛い工場労働を、という具合に。そして自分自身は金利生活者の役割に安んじる。だが、恐らくそうすることによって、有色人種の解放を最初は経済面で、次いで政治面で準備することになる」。

イギリスでは、土地はかつて農業生産に充《あ》てられていた。ところが、新たに金持ち向けのスポーツや娯楽のために供されることが多くなっている。スコットランドは、狩猟やそのほかのスポーツがおこなわれる貴族趣味の土地である。そのスコットランドについて、次のような言い方がされている。「スコットランドはおのれの過去とカーネギー氏（アメリカの富豪）を糧《かて》にしている」。競馬と狐狩りのためだけにイギリスは毎年、一四〇〇万ポンド（約一億三〇〇〇万ルーブル）を支出している。イギリスの金利生活者の数は約一〇〇万人である。生産人口の比率は表18から見て取れるように、

表18　イギリスの生産人口

年度	イギリスの人口（100万人）	主要産業部門の労働者数（100万人）	人口に対する労働者のパーセント
1851	17.9	4.1	23%
1901	32.5	4.9	15%

低下を続けている。

一方、「二〇世紀初頭のイギリス帝国主義」を研究した例のブルジョア学者は[1]、イギリスの労働者階級について語るとき、労働者の「上層部分」と「純プロレタリア的下層部分」を截然《せつぜん》と区別することを余儀なくされている。労働者の上層部分出身で、協同組合や労働組合、スポーツ団体、数多《あまた》ある宗教団体のメンバーになっている者は少なくない。選挙権はこの階層の水準に合わせて設定されている。イギリスでは、選挙権は「依然としてかなり制限されており、生粋のプロレタリアートである下層労働者は、それにあずかることはできない!!」のである。イギリスの労働者階級の立場を粉飾するために、もっぱらこの上層部分を話題にすることが通例となっている。ところがそれは、プロレタリアートのうちの少数派にすぎないのである。たとえば、〈失業問題は主として、ロンドンにかかわる問題である。また、下層プロレタリアートにかかわる問題である。ところが政治家は、下層プロレタリアートを等閑視している……〉[*9]。最後の一文は、次のように言うべきであった。ブルジョア政治屋と「社会主義的」日和見主義者は、下層プロレタリアートを等閑視している――。

帝国主義の特徴は、今説明している一連の現象に尽きるわけではない。別の特徴も見られる。それは、帝国主義諸国から流出する人間の減少と、低賃金に嫌気がさして遅れた国々から流入してくる人間（短期労働者と移民）の増大である。イギリスからの流出はホブソンの指摘によれば、一八八四年以来減少している。イギリスからの流出者は、この年に二四万二〇〇〇人を数えたが、一九〇〇年には一六万九〇〇〇人となった。ドイツからの流出は、一八八一年から一八九〇年にかけての一〇年間にピークに達した。その間の流出者は一四五万三〇〇〇人であった。流出者の数は、次の一〇年間に五四万四〇〇〇人へと減少し、さらにその次の一〇年間になると三四万一〇〇〇人へと減少した。その代わり、ドイツに流入してくる労働者の数は増加した。労働者の出身国は、オーストリア、イタリア、ロシアなどである。一九〇七年の国勢調査によると、ドイツには一三四万二二九四人の外国人が居住していた。そのうち工業労働者は四四万八〇〇〇人で、農業労働者は二五万七三二九人だった[*10]。フランスでは、鉱業労働者のかなりの部分は、ポーランド人、イタリア人、スペイン人などの外国人労働者である。[*11] 合衆国の場合、はなはだしく賃金水準の低い職は、東欧や南欧出身の移民が占めている。管理職に昇進して高給を取るような労働者の中では、アメリカ人労働者の比率が最も高い。[*12] 帝国主義は、労働者をも区分し、そのうちの一部を特権化させる傾向がある。そしてその特権的労働者を、残りのプロレタリアート大衆から切り離そうとする。

イギリスでは、帝国主義がともすれば労働者を分裂させ、その内部の日和見主義を強め、労働運動を一時的に腐敗させる傾向がある。指摘しておかなければならないのは、そのような傾向は一九世紀末から二〇世紀初頭にかけての時期よりはるかに早く出現した、ということである。なにしろ、帝国主義の二大特徴がイギリスで発生したのは、一九世紀半ばからである。二つの特徴とは大規模な植民地領有と世界市場における独占的立場である。いずれにせよ労働運動における日和見主義は、今述べたように、イギリス資本主義の帝国主義的特徴をともなっている。マルクスとエンゲルスはそれを、数十年にわたり一貫して追究してきた。たとえばエンゲルスは、一八五八年一〇月七日、マルクスに宛てて以下のように書き記している。

〈イギリスのプロレタリアートは事実上、ブルジョア化する一方である。世界中の国の中で最もブルジョア的なこの国は、徹底的に事を運ばないと気が済まないと見える。最後には、ブルジョア的貴族とブルジョア的プロレタリアートを、ブルジョアジーと並存させるつもりでいるらしい。言うまでもなく、全世界を搾取している国の側からすれば、これはある程度もっともなことである〉

それからほぼ四半世紀後、一八八一年八月一一日付けの書簡の中でエンゲルスは、「イギリスの最悪の労働組合」について語っている。〈それら労働組合が指導者として仰いでいるのは、ブルジョアジーによって買収された人々か、あるいは少なくともブルジョアジーから報酬を受け取っている人々である〉。一八八二年九月一二日付けのカウツキー宛の書簡では、エンゲルスは次のように述べている。

〈イギリスの労働者は植民地政策についてどのような考えをもっているのか――。そうお尋ねになっているわけですね。植民地政策に関する彼らの考えは、政治一般に関する考えと同じです。ここイギリスには労働党などありません。あるのは保守党と急進的自由党だけです。労働者はそれらの政党とともに、イギリスが植民地と世界市場を独占していることによって得る恩恵を、ごく泰然として堪能しています〉。[*13]（エンゲルスは同様のことを、一八九二年に刊行された『イギリスの労働者階級の状態』第二版の序文の中で述べている）

ここに、はっきりと原因と結果が示されている。原因は、この国が（一）全世界を搾取し、（二）世界市場を独占し、（三）植民地を独占していること。結果は、イギリスのプロレタリアートの一部が（一）ブルジョア化し、（二）おのれの指導者として、ブルジョアジーに買収された人々か、あるいは少なくとも報酬を受け取っている人々を迎えていること、である。二〇世紀初頭の帝国主義は、一握りの国家による世界分割を完了した。今や、それらの国は「全世界」のかなりの部分を対象として、（超過利潤を得ているという意味で）搾取をおこなっている。各国の搾取地域は、一八五八年にイギリスが搾取していた地域と比べて、いくらか少ないといった程度である。各国はまた、トラストやカルテル、金融資本、債務国に対する債権国の優越性などを利用して、世界市場において独占的地位を占めている。同時に、一定程度、植民地の独占をもおこなっている（すでに見たように、世界のすべての植民地七五〇〇万平方キロメートルのうち、八六パーセントに相当する六五〇〇万平方キロメートルが、六大国の手中に収められている。また、八一パーセントに相当する六一〇〇万平方キロメートルが、三大国の手に収められている）。

日和見主義は労働運動の全般的、根本的利益と相容れない。両者の対立は、経済的、政治的環境に煽られて激しくなるばかりである。そのような環境に、今日の状況の特徴が見られる。萌芽期にあった帝国主義は、支配的体制へと成長を遂げた。資本主義的独占体は、国民経済と政治において並ぶ者のない立場に立った。世界分割は完了した。一方、イギリスの絶対的な独占に代わって、少数の帝国主義大国が独占への参入を目指して争っているのが目にとまる。二〇世紀初頭という時代は、終始その闘争によって特徴付けられる。

今や日和見主義は、ある一国の労働運動において、向こう数十年の支配に向けて完全無欠な勝利を収めるなどということはできない。その点では、一九世紀後半のイギリスとは違う。日和見主義はさまざまな国ですっかり成熟し、爛熟し、腐敗した。そして、社会主義的排外愛国主義となって、完全にブルジョア政治に融合してしまったのである。[*14]

訳註

1　ブルジョア学者：シュルツェ＝ゲーヴァニッツを指す。

第九章　帝国主義批判

我々は帝国主義批判を言葉の広い意味において理解する。すなわち、帝国主義批判とは、社会のさまざまな階級が階級全体のイデオロギーに基づいて帝国主義の政策に対して示す姿勢である、と捉える。

ありとあらゆる有産階級が雪崩をうって帝国主義へと走るのはなぜか。第一に、金融資本が巨大な規模に達したという事情がある。金融資本は一部の人々の手中に集中し、広がりと目の細かさの両方において前例のないネットワークを作り出した。そのネットワークは、種々のつながりやきずなを緊密化し、大勢の資本家を支配下に置く。それら資本家の中には、中規模、小規模の資本家ばかりでなく最小規模の資本家と経営者も含まれている。もう一つの事情は、他国の金融資本家グループとの闘争の激化である。この闘争は、世界を分割しようとする欲求、あるいは外国に対する支配権を確保しようとする欲求に端を発する。「だれかれを問わず」帝国主義の見通しに酔いしれ、帝国主義を必死に擁護し、帝国主義をできる限り美化する――これが現代の象徴である。帝国主義イデオロギーは労働者階級にも浸透している。労働者階級とそのほかの階級は、万里の長城によって分離されているわけではない。現在のいわゆるドイツ「社会民主」党の領袖たちは、いみじくも「社会帝国主義者」という呼び名を奉《たてまつ》られている。言葉の上では社会主義者であっても、実態的には帝国主義者だという意味である。ホブソンはすでに一九〇二年に、イギリスに「フェビアン流帝国主義者」が存在することを指摘した。それは、日和見《ひよりみ》主義的フェビアン協会(1)のメンバーのことである。

ブルジョアの学者や評論家は、大抵の場合いくぶん姑息な形で帝国主義を擁護している。帝国主義が完全に支配的になっていることや深い根を張っていることを明らかにせず、枝葉末節の事柄やどうでもいいような細かい事柄を前面に押し出そうとする。そして、本質的な事柄に注意が向けられてはならじと、まったく真剣みのない「改良」計画、たとえば、トラストや銀行に対する警察の監視のような案を持ち出してくる。それに比べると、悪びれることのない公然たる帝国主義者は、出番が少ない。その種の帝国主義者なら、「帝国主義の基本的属性を改良するなどという発想は、愚の骨頂である」と、思い切って喝破する。

一つ例を挙げよう。ドイツの帝国主義者たちは『世界経済資料集』を編纂し、その中で、植民地における民族解放運動の動向を追っている。一口に植民地と言っても、ドイツ以外の植民地が主であることは言うまでもない。同書において取り上げられているのは、インドにおける人心の動揺や抗議活動、南アフリカのナタール州やオランダ領東インド（インドネシア）の運動などである。一九一〇年六月二八〜三〇日、「従属民族人種会議」が開催された。そこには、外国の支配下に置かれたアジア、アフリカ、ヨーロッパのさまざまな民族の代表が集まった。『世界経済資料集』の著者の一人は、この会議に関する英文報告書を短く論評している。そしてその中で、会議の席上での演説に評価を下しつつ、次のように記している。

〈我々が聞かされるのは次のような言辞である。「帝国主義と闘わなければならない。支配的国家は、従属民族が自立する権利を認めなければならない。国際法廷は、大国が弱小国との間で結ぶ条約が履行されるかどうか監視しなければならない」。従属民族人種会議は、これらの他愛ない呼びかけを唱えるにとどまっている。事実を理解しているふしがまったく見られない。事実はこうである。帝国主義は、今日の形態の資本主義と密接に結合している。それゆえ（!!）、帝国主義と正面切って闘うことなど、絶望的である。はなはだしく性質《たち》の悪い行き過ぎを防ぐべく、場当たり的に行動するのが関の山である〉*1

帝国主義の基盤を改良主義的に修正するなどということは、欺瞞である。「他愛のない呼びかけ」である。また、抑圧されている国民を代表するブルジョア人士どもは、「呼びかけを唱えるにとどまって」前進しようとしない。このようなわけで、抑圧する国民を代表する右のブルジョア著述家は、「とどまる」ことなく後退し、帝国主義に盲従するようになったのである。そのような姿勢に自称「科学的」な装いをほどこした上で。これもまた、「論理」である！

帝国主義の基盤を改良主義的に修正することは可能だろうか。さらに前進することによって、帝国主義の生み出す矛盾の深刻化を助長すべきであろうか。それとも、矛盾の緩和に向けて後退すべきであろうか。これらの疑問は、帝国主義批判の根本的な問題である。帝国主義の政治的特徴は何か。それは、金融寡占制による抑圧が発生し、自由競争が排除されることである。そして、それに起因して全面的な反動が起こり、他民族に対する抑圧が強まるということである。だからこそ二〇世紀初め、ほとんどの帝国主義国において、プチブル的な民主主義に基づいて帝国主義に反対する一派が出てくるのである。カウツキーは、このプチブル的で改良主義的な、そして経済的には骨の髄から反動的な反対派に対抗しようとしなかった。また、対抗する力もなかった。カウツキー本人とカウツキー主義の広範な国際的潮流がおのれの側からマルクス主義と縁を切ったというのは、具体的にはまさにこういうことなのである。

合衆国では、一八九八年にスペイン相手におこなった戦争が、「反帝国主義者」の反発を呼び起こした。反帝国主義者とは、ブルジョア民主主義の「最後のモヒカン族」(2)である。彼らはこの戦争を「犯罪的」であると称した。また、他国の土地を併合することを憲法違反と見なした。そして、フィリピンの先住民の首領であるアギナルドに対する行為を「排外主義者の欺瞞」だと宣言した(アメリカは、フィリピンに自由を与えるとアギナルドに約束しておきながら、あとになってアメリカ軍を上陸させ、フィリピンを併合したのである)。反帝国主義者はこのような批判を唱える際に、リンカーンの言葉を引用した。〈白人が自分で自分を統治するとき、それは自治である。白人が自分で自分を統治し、しかも同時に他人を統治するとき、それはもはや自治ではない。専制である〉[*2]。しかし、そのような批判論が終始避けて通っていることがある。それは、帝国主義が資本主義の基盤であるトラストとの間に密接な関係を保っているということである。帝国主義批判論はまた、大規模資本主義とその発達に刺激されて出現する革命勢力に同調することをも恐れた。だからそれは、いつまでたっても、「他愛のない呼びかけ」にとどまった。

ホブソンの帝国主義批判の基本的な立場は、右のようなものである。ホブソンはカウツキーに先んじて、「帝国主義は不可避である」という議論に反対を唱えた。また、〈資本主義のもとで！〉住民の「消費力を向上させること」が必要だと訴えた。帝国主義、銀行の専横、金融寡占制などを批判する際、プチブル的立場に立っているのは、本書においてこれまで幾度も引用してきたアガート、A・ランスブルク、L・エシュヴェーゲである。フランスの著述家ではヴィクトル・ベラールも同様の立場に立っている。ベラールは、一九〇〇年に出版された『イギリスと帝国主義』と題する浅薄な本の著者である。この連中はいずれも、決してマルクス主義者ぶることはない。実際、自由競争と民主主義によって、帝国主義に対抗できると考えている。また、バグダッド鉄道構想を、紛争と戦争を招くものとして非難している。そして、平和を求めて「他愛のない呼びかけ」を口にしている。このことは、国際証券の統計専門家A・ネイマルクにも当てはまる。ネイマルクは一九一二年、「国際」証券の発行高が数千億フランに達していることを計算して確かめ、次のように声高に唱えた。〈平和が破られるなどということが予想できようか。……このような巨額の証券が国際的に流通しているというのに、あえて戦争を引き起こす者があるだろうか〉[*3]。

なにしろブルジョア経済学者どものことだ、このような幼稚な見方をしている者がいても驚くにはあたらない。しかも、このように幼稚な態度を取り、帝国主義のもとでの平和を「真剣に」語ることは、それらブルジョア経済学者にとって好都合なのだから。しかしカウツキーの場合は、一九一四～一九一六年になってマルクス主義のあらゆる部分を放棄したのである。当時カウツキーは、ブルジョア改良主義に鞍替えし、平和には「全員が賛成している」と主張した（全員といっても、それは帝国主義者、自称社会主義者、社会平和至上主義者だけであるが）。そこに見られるのは、帝国主義の矛盾を徹底的に分析し究明する代わりに、それを斥《しりぞ》け、避けようとする改良主義的な

「他愛のない呼びかけ」だけである。

カウツキーは経済の観点から帝国主義批判をおこなっているが、その実例を以下に紹介しよう。カウツキーは、一八七二年および一九一二年にイギリスがエジプト相手におこなった輸出入に関するデータを取り上げている。それによると対エジプト輸出入は、イギリス全体の輸出入と比べて伸びが小さい。それに基づいてカウツキーは次のように推論する。

〈仮にエジプトを軍事的に占領しておらず、単に経済的要因だけが作用していた場合、対エジプト貿易の伸びはもっと小さいものになっていただろうか。そのように考える根拠は何もない〉。〈資本の拡大欲求が〉〈最大限に満たされるのは、帝国主義の暴力的な方法に訴える場合ではなくて、平和的な民主主義に頼る場合かもしれない〉[*4]

この議論は、カウツキー主義的帝国主義批判の核心を成すものである。ロシアにおいてカウツキーの走狗《そうく》となっている（と同時に社会主義的排外愛国主義を擁護する）スペクタートル氏などは、それの焼き直しの議論を何度となく繰り返しているほどである。したがってカウツキーの右の議論は、さらに詳しく検討する必要がある。手始めに、ヒルファーディングの一節を引用してみよう。というのも、ヒルファーディングの提示した結論を評してカウツキーは、「あらゆる社会主義理論家によって異論なく受け入れられた」と宣言しているからだ。しかも、一九一五年の四月を含めて何度も。当のヒルファーディングは次のように述べている。

〈進歩を遂げた資本主義的政策に対抗するからといって、自由貿易および国家敵視を特徴とする時代の、古色蒼然たる政策を支持することは、プロレタリアートの仕事ではない。金融資本の経済政策あるいは帝国主義に対抗してプロレタリアートが提唱できるのは、自由貿易ではない。社会主義である。それ以外にはない。今日プロレタリアートの政策が目指すべきは、自由競争の復活のような目標ではない。それは今や反動的目標となっている。資本主義を排除することによって競争を完全に根絶することだけが、プロレタリアートの政策の目標になり得るのである〉[*5]

カウツキーは「反動的目標」「平和的民主主義」「単なる経済的要因の作用」を擁護することによって結果的に金融資本の時代を支持し、マルクス主義と訣別したと言える。なぜならカウツキーの掲げる目標は、客観的に見ると、独占主義的資本主義から非独占主義的資本主義へと事態を逆行させるものであるし、改良主義的欺瞞だからである。

エジプトとの（あるいはほかの植民地や半植民地との）貿易は、軍事占領や帝国主義、金融資本がなかったら力強く「成長していただろう」――。これは一体何を意味しているのか。次のようなことを言わんとしているのだろうか。「自由競争を制限するものとしては以下のものが挙げられる。独占一般。金融資本のしがらみと圧力（これもやはり独占である）。個々の国による植民地の独占的領有。そのうちのいずれからも制限を加えられなかったら、資本主義はもっと急速に発達しただろう」。

カウツキーの所論には、それ以外の意味はない。だが、この「意味」は無意味である。しかし議論の都合上、とりあえずこれを肯定することにしよう。そして、いかなる独占も存在しない場合、自由競争は資本主義と商業を発達させるだろう、と仮定してみよう。ところが、商業と資本主義の発達が急速であればあるほど、生産と資本の集中はますます強まる。そして、そのような集中が進めば、その結果として独占が出現する。しかも現実には、独占はすでに出現済みなのである。ほかならぬ自由競争を母胎として！　今、独占の発達速度が鈍化し始めたからといって、それは、自由競争を正当化する論拠とはならない。というのも自由競争は、みずから独占を生み出したあと、不可能になるからである。

カウツキーの議論をどのようにもてあそんでも、反動性とブルジョア改良主義以外には何も出てきはしない。

カウツキーの議論を修正してみてはどうか。すなわち、スペクタートルに倣《なら》って、イギリス領植民地がイギリス本国との間でおこなっている貿易は、ほかの国との間でおこなっている貿易と比べて今や伸びが鈍くなっている、と述べてみたらどうか。だがそれとても、カウツキーにとっては助け船にならない。なぜなら、イギリスに挑戦しているのは、これまた独占であり、帝国主義であるからだ。ただそれが、イギリスではなくて外国（アメリカやドイツ）の独占や帝国主義だ、というだけのことである。周知のとおり、カルテルは一種独特の新型の保護関税をもたらした。保護されているのは、ほかならぬ輸出力のある商品である（このことはすでにエンゲルスが『資本論』第三巻において指摘している）。さらに、カルテルおよび金融資本に特有の慣行であるダンピングも知られている。カルテルは、国内では製品を独占価格で、つまり高価格で販売しながら、海外では法外な安値で販売する。それは、競争相手の立場を掘り崩すためであり、また自己の生産量を最大化するためである。ドイツはイギリス領植民地との貿易を急速に拡大しており、その点でイギリスを凌駕している。そのことが証明しているのは、ドイツの帝国主義がイギリスの帝国主義と比べて生気、活力、組織力に富んでおり、優れているということであって、自由貿易が「優位に立っている」ということではない。というのは、闘いは、自由貿易が保護貿易主義や植民地の従属的地位を打破しようとして起こっているわけではないからである。闘いは、ある帝国主義と別の帝国主義との間で、またある独占と別の独占との間で、さらにはある金融資本と別の金融資本との間でおこなわれているのである。ドイツ帝国主義はイギリス帝国主義より優勢であり、イギリスの植民地を取り巻く壁や保護関税の壁に負けていない。だからといって、自由貿易や「平和的民主主義」に賛同しつつ議論をするなら、それは俗論に陥り、帝国主義の基本的特徴と属性を忘れることになる。そして、マル

表19　ドイツからの輸出

（単位：100万マルク）

		1889年	1908年	増加率
従属している国への輸出（ドイツに経済的に）	ルーマニア	48.2	70.8	+47%
	ポルトガル	19.0	32.8	+73%
	アルゼンチン	60.7	147.0	+143%
	ブラジル	48.7	84.5	+73%
	チリ	28.3	52.4	+85%
	トルコ	29.9	64.0	+114%
	合　計	234.8	451.5	+92%
独立している国への輸出（ドイツから経済的に）	イギリス	651.8	997.4	+53%
	フランス	210.2	437.9	+108%
	ベルギー	137.2	322.8	+135%
	スイス	177.4	401.1	+127%
	オーストリア	21.2	64.5	+205%
	オランダ領東インド	8.8	40.7	+363%
	合　計	1,206.6	2,264.4	+87%

クス主義を小市民的改良主義にすり替えることになる。

興味深いことに、カウツキーと同じように小市民的立場に立って帝国主義を批判しているブルジョア経済学者A・ランスブルクの場合ですら、貿易統計のデータの処理はもっと科学的である。ランスブルクは、たまたま取り上げたある一国とただ一つの植民地を、ほかの国々と比較するようなことはしない。ランスブルクは帝国主義国の輸出を二つに分けた。一つは、その帝国主義国に経済的に従属している国（債務国）への輸出。もう一つは、経済的に自立している国への輸出。ランスブルクはその上で両者を比較している。その結果、表19が得られた。

ランスブルクは総括をおこなわなかった。つまり、奇妙なことに指摘していない事柄がある。それは、もしこれらの数字が何か証明しているとすれば、ランスブルクの言わんとすることの逆のことを証明している、ということである。というのも、経済的に従属している国に対する輸出の伸びは、経済的に自立している国に対する輸出の伸びを、小差ではあるけれどもやはり上回っているからである（「もし」の部分に傍点を打って注意喚起を願ったのは、ランスブルクの統計が完全というにはほど遠いからである）。

輸出と債務の関係を考察して、ランスブルクは次のように述べている。

〈一八九〇／一八九一年、ドイツ銀行団の仲介でルーマニアに借款が供与された。ドイツ銀行団はそれに先立つ数年間、その借款を見越して貸付をおこなっていた。借款は主として鉄道関係の資材の購入に充《あ》てられ、それらの資材はドイツから調達された。一八九一年、ドイツのルーマニア向け輸出は五五〇〇万マルクだったが、その翌年は三九四〇万マルクへと落ち込んだ。その後、輸出高は一本調子で減少したわけではないが、一九〇〇年には二五四〇万マルクへと落ち込んだ。ふたたび一八九一年の水準に戻ったのは、ようやくここ数年のことである。それは二件の新規借款のおかげであった。

ドイツのポルトガル向け輸出はどうか。それは、一八八八／一八八九年の借款によって二一一〇万マルク（一八九〇年）へと増加したが、以降の二年間は続落、一八九一年に一六二〇万マルク、一八九二年には七四〇万マルクとなった。以前の水準に戻ったのはようやく一九〇三年になってからである。

このような傾向をもっと鮮明に示しているものとして、ドイツ・アルゼンチン貿易に関するデータがある。一八八八年と一八九〇年の借款によって、ドイツのアルゼンチン向け輸出は一八八九年、六〇七〇万マルクとなった。だが二年後には、わずか一八六〇万マルクに落ち込んだ。以前の三分の一以下である。一八八九年の水準をとり戻し、それを上回ったのは、ようやく一九〇一年になってからである。この回復は、新規に国債や地方債が発行されたこと、電機工場の建設費が融資されたこと、そのほかの貸付がおこなわれたことなどに支えられていた。

チリに対する輸出は、一八八九年の借款の結果増大し、四五二〇万マルク（一八九二年）に達した。次いで一年後には減少し、二二五〇万マルクとなった。一九〇六年にドイツの銀行の仲介によって新規借款が供与されたあと、輸出高は一九〇七年に八四七〇万マルクにはね上がった。一九〇八年には、ふたたび五二四〇万マルクへと落ち込んだ〉[*6]

ランスブルクは以上の数字を基に、滑稽な小市民的訓話を垂れている。〈借款と結びついた輸出は、持続性と着実性に欠ける。資本の海外輸出は望ましくない。むしろ「自然に逆らわず」、「調和をたもちながら」国内産業の育成を図るべきである。対外借款を手配する際に何百万マルクもの賄賂を積むことは、クルップにとって「割りの合わない」ものとなっている、云々〉。しかし、事実は雄弁である。輸出の増大は、金融資本の詐欺的所業と密接に関係している。金融資本はブルジョアの倫理など一顧だにしない。そして、二兎を追って、二兎とも手に入れているのである。第一に、借款を手配する際に手数料が得られる。第二に、供与する側は同一の借款からもう一度利益を得る。というのも借款を供与された国が、それを充ててクルップの製品や製鉄シンジケートの鉄道用資材を購入するからである。

繰り返して言っておく。我々はランスブルクの統計を完璧なものとは考えていない。しかし、それを引用しないわけにはいかない。なぜなら、カウツキーやスペクタートルの統計よりもランスブルクの統計のほうが科学的だからである。また、ランスブルクは正しい姿勢をもって問題に臨んでいるからである。輸出その他の活動における金融資本の意義について論じようと思うならば、それに先立って特に注意を払って検討すべき事柄がある。それは、ほかならぬ金融資本家の所業やカルテルの生産物の販売などが、輸出との間にいかなる関係をもっているのかという問題である。翻ってみるに、やみくもに比較をした場合、事の本質をずばりと衝くことができず、むしろそれを曖昧にしてしまうこともある。植民地一般と非植民地の比較や、ある帝国主義と別の帝国主義の比較などがそれである。ある半植民地ないし植民地（たとえばエジプト）をそれ以外の国と比較する場合も同様である。

　カウツキーの帝国主義批判の理論は、マルクス主義と何ら共通性をもたない。せいぜい、平和について講釈したり日和見主義や社会主義的排外愛国主義との統一を唱えたりするための地ならしをしているだけである。なぜならカウツキーの展開する批判は、よりによって帝国主義がはらむ深刻かつ根本的な対立を取り上げるのを怠り、曖味にしているからである。対立というのは、たとえば、独占がそれと並存する自由競争との間で繰り広げる対立や、金融資本の大規模な「業務」(莫大な利益)が、自由市場におけるまっとうな商業との間にかかえる対立。カルテルやトラストが、カルテル化されていない産業との間で余儀なくされる対立等々である。

まったくこれと同一の反動的性格を帯びているのが、カウツキーが編み出した悪名高き「超帝国主義」理論である。カウツキーが一九一五年にこのテーマについて展開した議論を、一九〇二年のホブソンの議論と比較していただきたい。

カウツキーは言う。〈……新たな超帝国主義的な政策によって、今日の帝国主義的な政策が駆逐されるというシナリオはあり得ないだろうか。すなわち、国籍に縛られていた金融資本が相互の内紛に終止符を打ち、それに代わって、国際的に統合された金融資本が世界を共同で搾取するようになるという事態はあり得ないだろうか。いずれにせよ、このような新型の資本主義を想像することは可能である。それが実現可能かどうかを判断するには、まだ前提条件が不十分であるが[*7]〉

ホブソンは言う。〈一部の巨大連邦帝国はいずれも多数の未開の植民地と従属国を従えている。それらの帝国に定着しているキリスト教は、大半の人々の目には、近代の趨勢の、最も理にかなった帰結のように見える。そしてそのような帰結ほど、期待感を抱かせてくれそうなものはない。人々が期待を寄せるのは、国際帝国主義という堅固な基盤に支えられた恒久平和である〉

カウツキーは、ホブソンがカウツキーの一三年前に国際帝国主義と呼んだものを超帝国主義と称したのである。賢《さか》しらな新語を作ったことを別とすれば、カウツキーには、「科学的」思考の進歩の跡は見られない。ホブソンが本質的にイギリスの聖職者の偽善として描いたものを、「マルクス主義だ」と申し立てているだけのことである。聖職者階層にしてみれば、南ア戦争（ブール戦争）のあと主たる努力を、イギリスの小市民や労働者を慰撫することに向けるのは当然のことであった。なにしろ小市民や労働者は、南アフリカで戦闘が繰り返されたことによって少なからぬ人命を失い、税負担の増大という側杖《そばづえ》を食ってきたのだから。増税は、イギリスの金融資本家に対して従来以上の利益を確保することを目的としていた。このような状況にあっては、「帝国主義はさほど悪いものではない」とか、「帝国主義は国際帝国主義に似通っており、恒久平和を保証する」とか言い立てる以上に有効な懐柔策はあるだろうか。イギリスの聖職者や感傷的なカウツキーの善意がいかなるものであれ、カウツキーの「理論」の客観的な——つまり真の——社会的意義は、一般大衆を反動的なやり方で懐柔するということに尽きる。懐柔の手口は、資本主義のもとで恒久平和は可能だと期待させる、というものである。その際、現代に特有の深刻な矛盾や深刻な問題から大衆の注意をそらすように仕向け、その一方では、「超帝国主義」が新たにやってくるかのように装い、その見かけ倒しの展望に注意を集めるなどの手法が用いられている。大衆を欺くこと——それが、カウツキーの「マルクス主義」理論の要諦《ようたい》である。

実際のところ、争う余地のない周知の事実を明断に比較考察すれば、カウツキーがドイツの労働者（および万国の労働者）に吹き込もうとしている超帝国主義の展望は、いかに見かけ倒しであることか。それを納得してもらうのはたやすいことである。インド、インドシナ、中国を取り上げてみよう。周知のとおり、六億人ないし七億人の人口を擁するこれら三つの植民地ないし半植民地は、搾取の対象となっている。搾取しているのはイギリス、フランス、日本、合衆国など帝国主義列強の金融資本である。帝国主義列強が相互に複数の同盟を結び、そのうちのある同盟が別の同盟との間で、右のアジア諸国における自己の領土、利益、勢力圏の拡大を目指して対立すると仮定しよう。これは、「国際帝国主義的」あるいは「超帝国主義的」な同盟となる。他方、上記アジア諸国を「事を荒立てずに」分割するために、帝国主義列強がこぞって一つの同盟を形成すると仮定しよう。それは、「国際統合金融資本」となるだろう。このような同盟の具体例は、二〇世紀の歴史上、たとえば列強と中国との関係において実在する。そこで疑問が生じる。資本主義が維持されているという条件（すなわち、カウツキーの前提）のもとで、「これらの同盟は息の長いものとなろう」とか、「あらゆる摩擦、紛争、闘争を排除するだろう」などと予想することは、妥当であろうか。

問題の提起の仕方が明瞭でありさえすれば、その問いに対する答えは、「否」にしかならない。理由はこうだ。資本主義のもとでは、勢力圏、利益、植民地などを分割するための根拠としては、分割に参加する当事者の実力（経済、金融、軍事などの実力）を計算することしか考えられない。ところが、分割に関与する者の実力は変化する。しかも、変化の仕方は一様ではない。なぜなら資本主義のもとでは、企業、トラスト、産業部門、国の発展は、足並みのそろったものにはならないからである。半世紀前のドイツは、その資本主義的実力を当時のイギリスと比べるなら、取るに足らぬ存在であった。日本も、ロシアと比べるならそうであった。一〇年か二〇年経っても帝国主義列強の相互の力関係が変化しないと予想することは、妥当であろうか。絶対に妥当ではない。

だから、「国際帝国主義的」同盟あるいは「超帝国主義的」同盟は、イギリスの聖職者やドイツの「マルクス主義者」カウツキーの通俗的な小市民的幻想の中にあるのではない。資本主義の現実の中にあるのだ。それらの同盟は、相互に対立する帝国主義同盟のうちの一つとなって登場することもあれば、あるいは帝国主義列強をことごとく糾合する一個の全体的同盟という形を取ることもある。いずれにしてもそのような同盟は、戦争と戦争の合間の「休止期間」にしかなりようがない。それは、避けようのないことである。平時の同盟は、戦争への道を開くものであるが、他方では戦争に端を発するものでもある。同盟と戦争は相互に発生の条件となっている。かくして、二つの闘争形態が交互に現れるという状況が出現する。一方は協調的闘争であり、他方は暴力的闘争である。両方の闘争の発生基盤は同じである。いずれの闘争も、世界経済が世界政治との間で、帝国主義特有の交流や関係を深めていることに端を発するのである。一方、賢しらなカウツキーは労働者を、ただ単になだめるばかりでなく、ブルジョアジーの味方に付いた社会主義的排外愛国主義者と和解させようと考えている。そしてそれを目的として、連鎖を切断しようとしているのである。こうしてカウツキーは、中国を「鎮圧」（義和団事件[3]の鎮圧を想起されたし）するために列強が総がかりで結んだ今日の協調的な（そして超帝国主義的な、いや超々帝国主義的な）同盟を、明日の非協調的紛争から切り離そうとしている。ところがこの非協調的紛争は、明後日になると、ふたたび「協調的な」全体的同盟を結ぶための下準備をするのである。それは、たとえばトルコを分割するためであったりする。同様のことが次々に繰り返される。帝国主義的平和の時代は、有機的なきずなによって帝国主義的戦争の時代と結ばれている。カウツキーは労働者に対し、そのような有機的なきずなの代わりに無機的な抽象を示そうとしているのである。それは、労働者をその死せる指導者と和解させるためである。

アメリカ人ヒルはその著書『外交史――ヨーロッパの国際的発展の中で』の序文において、近代外交史の時代区分を次のように示している。（一）革命の時代、（二）立憲運動、(二)今日の「商業帝国主義」の時代。[*8]一方ある著述家は、一八七〇年以来のイギリスの「世界政策」の歴史を次の四つの時代に区分している。(一)第一次アジア期(インド方面を窺うロシアの中央アジア進出に対抗した時期)。(二)アフリカ期(一八八五年頃〜一九〇二年頃)。これは、アフリカ分割をめぐるフランスとの闘争の時期である(一八九八年にファショダ事件[(4)]が勃発し、フランスとの間であわや戦争が起こるところであった)。(三)第二次アジア期(ロシアを仮想的国として日英同盟[(5)]が締結された)。(四)「ヨーロッパ」時代。主としてドイツが仮想敵国として想定されていた。[*9]

〈政治的前哨戦は金融の分野で起こっている〉。銀行の「実務に長けた」リーサーは、早くも一九〇五年にこのように書き記した。リーサーが挙げた例は以下のようなものである。フランスの金融資本がイタリアで業務をおこない、仏伊両国の政治同盟に向けて前途を開いた。ペルシアをめぐってドイツとイギリスが闘争を繰り広げた。ヨーロッパの資本家全員が対中国借款をめぐって闘争を展開した等々。

まさにこれが生きた現実である。ここに、「超帝国主義的な」協調的同盟の実態が示されている。それは、純然たる帝国主義的紛争と切っても切れない関係にあるのだ。

カウツキーは、帝国主義の深刻な矛盾を曖昧化している。それは必然的に、帝国主義を粉飾することにつながる。そのことは、帝国主義の政治的特性に対するカウツキーの批判にも痕跡を残さずにいない。帝国主義とは、金融資本と独占の時代である。そして金融資本と独占は、いたるところに支配欲をもたらす。自由に対する志向をもたらすのではない。あらゆる政治制度における全面的な反動や、政治の領域にも見られる極度の矛盾の深刻化は、こうした傾向の帰結である。他民族に対する抑圧と領土併合志向も、一段と熱気を帯びる。併合とは、民族の独立を侵すことである（というのは、併合は民族自決を侵犯することにほかならないからである）。ヒルファーディングは正当にも、帝国主義が他民族に対する抑圧の強化と関係していることを指摘し、次のように述べている。

〈後発国に関して言うなら、輸入される資本のせいで矛盾が深刻化する。また、民族は絶え間なく侵入者に対する抵抗を強める。民族的自覚を抱くようになるからである。そのような抵抗運動は得てして安易に、外国資本の撃退を目指す危険な措置に訴える。旧来の社会のあり方は、本質的な部分に至るまで一新される。「歴史なき民族」は数千年来、農業の中に閉じこもってきたが、それは破られようとしている。それらの民族は、資本主義の渦の中に引きずり込まれようとしている。資本主義そのものに促されて、被征服民族は民族解放の手段を徐々に手に入れる。そしてそれら民族も、かつてヨーロッパの民族が至高のものと考えていた目的を前面に押し出す。それは、経済的、文化的自由を実現する道具としての統一民族国家の樹立である。独立を目指すこのような運動は、ヨーロッパの資本家階級を脅《おびや》かしている。この上なく大きな価値と輝かしい展望を備えた搾取の場が失われかねないからである。だから、ヨーロッパの資本家階級は、絶え間なくおのれの軍事力を増強せざるを得ない。さもないと、支配を維持できないからである〉*10

ヒルファーディングの所論には、付け加えるべきことがある。帝国主義のもとでは、領土併合がおこなわれ、他民族に対する抑圧が強まり、したがって、被抑圧民族の側からの抵抗が激化するが、それは、後発国に限ったことではない、ということである。カウツキーは、帝国主義が政治的反動を強化することに反対を唱えていながら、きわめて重要になった問題を等閑に付している。それは、帝国主義の時代になると日和見主義者と手を結ぶことが不可能になるという問題である。カウツキーはまた、「併合」に反対していながら、日和見主義者にとって反感と抵抗感が最小になるような形で反対論を展開している。カウツキーは直接ドイツの聴衆を相手に語りかけているというのに、よりによって最重要事項をうやむやにしている。それは、アルザス・ロレーヌ地方[6]はドイツが併合したのだという事実である。カウツキーのこのような「思想的偏向」がどれほどのものかを見定めるために、一つの例を挙げてみよう。仮に、日本人がアメリカのフィリピン併合を非難するとしよう。すると、疑問が浮かぶ。果たして多くの人は、「日本人は併合一般を憎悪しているのであって、みずからフィリピンを併合したいという欲求に駆られているわけではない」などと考えるだろうか。まさか、フィリピン併合に対する日本人の「反対」が、真心と政治的な誠意に発するものとは考えられまい。ただし、日本人が韓国併合に反対して立ち上がり、「韓国に日本から離脱する自由を認めるべきだ」と主張するなら、話は別であるが。そのように結論づけるのが妥当ではないのか。

カウツキーの帝国主義分析の理論や、経済的、政治的な帝国主義批判にくまなく浸透しているものがある。それは、本質的な矛盾をぼかしたり隠したりするという、マルクス主義とはおよそ相容れない精神である。また、ヨーロッパの労働運動において日和見主義との結束を破綻させまいとする願望である。

訳註

1　フェビアン協会：一八八四年にイギリスで設立された社会主義研究啓蒙団体。有力なメンバーとしては、シドニー・ウェブ夫妻やバーナード・ショウら。政治組織の民主化と産業の国有化を目指したが、プロレタリアートの階級闘争と社会主義革命の必要性を否定した。

2　最後のモヒカン族：「滅び行く者」といったような意味。ジェームズ・クーパー（James Cooper）の小説『モヒカン族の最後』（一八二六年）をもじった表現。

3　義和団事件：中国華北一帯で義和団を中心として起こった排外武装蜂起。義和団は、「扶清滅洋」のスローガンのもとキリスト教の撲滅と外国人の排斥を目指した。一九〇〇年、蜂起が北京に及び、列国の公館や教会が襲撃され、在留外国人に犠牲者が出たことから、ロシアや日本を始めとする八ヵ国の軍隊が共同出兵、北京を占領した。

4　ファショダ事件：一八九八年にスーダンの帰属をめぐって英仏が武力衝突寸前に至った

事件。フランスがスーダンのファショダに派兵したのが発端。すでにエジプトを保護国化し、スーダンの植民地化を図っていたイギリスがただちに動員態勢を整え、フランス軍部隊の撤収を迫ったので、フランスはやむなくそれに従った。

5 日英同盟：日本とイギリスがロシアを事実上の仮想敵として結んだ同盟（一九〇二〜一九二一年）。締約国のいずれかが戦争をおこなう場合、もう一方の締約国は中立を守ることが規定されていた。

6 アルザス・ロレーヌ地方（Alsace-Lorraine）：ドイツ語読みするなら、エルザス・ロートリンゲン。ドイツとフランスの国境地帯にあり、カール大帝の時代以来、独仏両国の間で帰属の変更を繰り返してきた。同地方は石炭と鉄を産出することから、一九世紀の工業化の進展にともなって一層重要性を増した。一八七一年の普仏戦争の結果ドイツ領となったが、第一次世界大戦後、ふたたびフランス領となった。

第一〇章　帝国主義の歴史的位置

すでに見てきたように、帝国主義はその経済の本質の点で、独占的資本主義である。帝国主義の歴史上の位置は、すでにこの一事をもって決まっている。というのは、自由競争に立脚し、ほかならぬ自由競争を母胎として育つ独占は、資本主義体制から高次元の社会、経済体制へ至る過渡期の現象だからである。特に紙幅を割いて論ずる必要があるのは、主要な四種類の独占（あるいは、独占的資本主義の主たる現象）である。その四種類の独占は、本書の考察対象となっている時代を特徴付けるものである。

第一。独占は、生産の集中が非常に高度な発達段階に達したとき、それを母胎として成長を遂げた。そのことは、カルテル、シンジケート、トラストなど、資本家が形成する独占体に当てはまる。それらの独占体が現代の経済活動においてどれほど大きな役割を果たしているかについては、すでに見てきた。それらの独占体は二〇世紀初めまでに、先進国において完全に支配的な存在となった。高率の保護関税を導入した諸国（ドイツやアメリカなど）は先頭を切ってカルテル化への道を歩んだ。自由貿易体制を堅持するイギリスもわずかに後れを取っただけで、身をもって同じ基本的事実——独占は生産の集中を母胎として誕生するという事実——を示した。

第二。独占体に煽られて、重要な原料資源の獲得競争に拍車がかかった。特にそれがいちじるしかったのは、資本主義社会の中でもカルテル化が最も進んだ主要産業、すなわち石炭産業と製鉄産業である。重要な原料資源の独占的な占有がおこなわれたことにより、大資本の実力が恐ろしく増大した。また、カルテル化した産業とカルテル化していない産業との間で対立が深まった。

第三。独占は銀行の中から成長する。銀行は、決済の仲介を生業とする地味な機関から、金融資本を独占する機関へと変身した。先進資本主義国の中でも最先端を行く諸国では、例外なく三ないし五の巨大銀行が、産業資本と銀行資本の「人的結合」を実現した。そして、何十億単位の資金の管理を一手に引き受けている。そしてその資金というのは、一国の資本および貨幣所得の大部分を占めているのである。金融寡占制は、現代のブルジョア社会のすべての経済的、政治的組織に、例外を許すことなく、目の細かい依存関係の網をかぶせる。まさにここに、独占がこの上なくはっきりと正体を現している。

第四。独占は植民地政策の中から成長した。金融資本の登場により、植民地政策を促す旧来の多数の動機に新たな要素が加わった。原料資源、資本輸出、勢力圏をめぐる闘争がそれである。これらの闘争は要するに、有利な商取引、利権、独占利潤などの縄張りをめぐる闘争であり、究極的には経済的な縄張り一般をめぐる闘争である。ヨーロッパの列強は、たとえばアフリカ全土の一〇分の一をおのれの植民地にしていたとき（実際、一八七六年頃にはそうだった）、土地をいわば「遠慮会釈なく奪い取る」というやり方が可能だった。だから、独占にこだわることなく植民地政策を展開することができた。しかし、アフリカの一〇分の九が（一九〇〇年までに）占領され、全世界が分割済みになったとき、独占的な植民地所有の時代が避けようもなくやって来た。このような時代になると、世界の分割と再分割を目指す闘争が格段に熾烈化する。

独占的資本主義が出現すると、資本主義の矛盾がことごとく深刻化する。それがどれほどのものかは、周知のとおりである。物価が高騰し、カルテルによる抑圧が深刻化する、ということを指摘すれば十分であろう。このような矛盾の深刻化は、過渡期の歴史を動かす原動力の一つとなる。それは、ほかのいかなる原動力よりも馬力が大きい。そのような過渡期は、世界金融資本が最終的に勝利してから始まったのである。独占体や寡占制が出現し、支配欲が自由志向に取って代わり、一握りの富める国や強い国に搾取される弱小国が、増加の一途をたどる――。これらのことが重なって、帝国主義の特徴が生み出された。そして、そのような特徴に照らしてみると帝国主義は、寄生的な資本主義または腐敗する資本主義として規定しないわけにはいかない。帝国主義の傾向としてますます顕著に見られるようになったのは、「金利生活国家」や高利貸し国家の成立である。それらの国のブルジョアジーは、資本輸出と「金利や配当」に対する依存を強めながら生活している。これをどう見るか。中には、短見と言うべき見方もある。それによると、このような腐敗の傾向によって資本主義の急速な発達は阻まれる、ということになる。そうではない。帝国主義の時代になると、個々の産業部門、個々のブルジョア階層、個々の国が急速な発達の傾向を示すこともあれば腐敗の傾向を示すこともある、そして、そのような傾向は強いこともあれば弱いこともある。これが実態である。全体的には、資本主義の発達は以前とは比べものにならないほど急速である。しかし、この発達は概してむらの多いものになろうとしている。しかもそのようなむらは、たとえば、最強の資本家層を擁する諸国（イギリスなど）の腐敗の進み具合にも見られるのである。

ドイツの経済発展の速度について、同国の巨大銀行の研究書を著したリーサーは、次のように述べている。

〈前の時代（一八四八～一八七〇年）の進歩は、極端に遅いものではなかった。しかし、この時代（一八七〇～一九〇五年）になると、銀行を始めとするドイツ経済全体の発達の速度は、猛烈に速くなった。比喩的に言うなら、前者の速度は古き良き時代の郵便馬車の速度に相当する。一方、後者のスピードは現代の自動車のスピードに匹敵する。それは余りにも速い。のほほんと歩いている人も、自動車に乗っている当人も危険をまぬかれない〉

前例のないスピードで成長した金融資本は、猛烈な速度で成長を遂げたからこそ、今度は「落ち着いた」植民地の所有に移行したいと願う。植民地を獲得するときには、平和的な手段以外の手段をも辞さずに、富める国から強奪しなければならないのであるが。一方、アメリカにおける過去数十年の経済発展は、ドイツ以上に急速であった。そしてまさにそれゆえに、最新のアメリカ型資本主義は、寄生という特徴を一層顕著に示したのである。他方、たとえば共和国であるアメリカのブルジョアジーを、君主国である日本またはドイツのブルジョアジーと比較してみると分かることだが、帝国主義の時代においては、その高度な段階がやって来ると、大きな政治的違いですら曖昧になる。それは、そうした違いが瑣末な事柄だからというわけではない。そうではなくて、問題となるのが、いずれの政体においても明白な寄生の特徴を備えたブルジョアジーだからである。

さまざまな産業部門のうちの一部門の資本家や、さまざまな国々のうちの一国の資本家は、独占に支えられて高利潤を獲得し、経済力をたくわえた。そして、それを利用して労働者を——一時的にではあるが——買収し、それぞれの産業部門や各国のブルジョアジーの側に彼らを引き寄せ、残りの労働者と対峙させることが可能になった。もっとも、ブルジョアジーに味方する労働者は、そのほかの労働者と比べればはるかに少ないが。いずれにしても、世界分割をめぐる帝国主義諸国同士の対立が強まったことがきっかけとなって、労働者に対する懐柔工作が強化されたのである。帝国主義と日和見《ひよりみ》主義の結びつきは、このようにして形成される。イギリスでは、そのような結びつきがどこよりも早くから、しかも顕著に見られた。それは、帝国主義に備わった発展の特徴が、他国よりもはるかに早く現れたことによる。L・マルトフなど一部の著述家は、労働運動において帝国主義が日和見主義を抱き込んでいるという事実を好んで等閑に付す。今日その事実は、一段と隠れもないものとなっているのだが。マルトフらは、「建前と楽観論に終始する」(カウツキーやユイスマンばりの)言辞を弄し、それを論拠とする。そして次のように言う。ほかならぬ先進的資本主義が日和見主義の強化を招き、ほかならぬ高給取りの労働者が日和見主義へと傾倒するのであれば、資本主義を敵に回す者たちの事業に望みはあるまい——。このような「楽観論」の意義について誤解をしてはならない。これは、日和見主義に関する楽観論なのである。また、日和見主義を掩護《えんご》するのに役立つ楽観論なのである。実際は、日和見主義の発達がいちじるしく急速で、しかもいちじるしく醜悪だからといって、日和見主義の確たる勝利は何ら保証されない。健康な肉体にできた悪性膿腫が急速に悪化すると、その膿腫が破れて消える時期が早まるだけだ。この点に関して危険きわまりないのは、物分かりの悪い連中である。帝国主義との闘いは日和見主義との闘いと固く結びついていない限り、人を惑わす空論に堕するのだが、彼らはそれを分かろうとしない。

以上、帝国主義の経済面の本質について述べた。そこから、以下の結論が導き出される。すなわち、帝国主義は過渡期の資本主義である。いや、もっと正確に言うなら、死に至る資本主義である。この点において大いに示唆的なのは、ブルジョア経済学者が最新の資本主義を描写するのに用いる流行語に、「からみ合い」とか「孤立性の欠如」などのフレーズがあるということである。銀行は、「その任務に照らしても、また発展方向に照らしても、純然たる私営企業としての性格を帯びていない。そして、純然たる私的経済活動に対する規制の枠を超えて成長を続けている」。最後に挙げたのはリーサーの言葉である。そのリーサーは、おそろしく真剣な表情で次のように述べている。「社会化」に関するマルクスの「予言」は、「実現しなかった！」。

「からみ合い」という言葉は、一体何を表現しているのか。そのような言葉では、目の前で進行しているプロセスの特徴を捉えることはできない。捉えられるのは、せいぜい最も目立つ特徴だけである。この言葉から分かるのは、観察者が森を見ずに木ばかり見ているということ、素材に圧倒されていること、言葉の意味と重要性をまったく理解できずにいるということである。この言葉はまた、表面的なもの、偶然的なもの、混沌としたものを無批判に書き写しているにすぎない。株式所有の分布は、私有財産の所有者の相互関係と「偶然にからみ合っている」という。だが、そのようなからみ合いの背後にあって、それを支えているのは、社会的な生産のあり方の変化である。第一に、大企業は巨大化する。そして、大量のデータを正確に計算することによって計画的に第一次原料を調達する。しかも、数千万人の住民の全需要の三分の二か、四分の三をまかなえるほどの規模で。第二に、それらの原料は、生産に都合の良い拠点へと滞《とどこお》りなく運搬されている。原料生産地と生産拠点は、お互いに数百キロも数千キロも離れていることがある。第三に、一つのセンターが指令を出し、一貫的な原料加工を全工程にわたって管理し、さまざまな最終製品を作り出すところまで面倒を見る。第四に、これらの製品は単一の計画に基づいて、数千万人ないし数億人の消費者の間で分配される（アメリカでもドイツでも、アメリカの石油トラストが石油販売を引き受けている）。右の諸点を勘案すれば、以下のことが明らかになろう。まず、我々の眼前に展開されているのは生産の社会化であって、単なる「からみ合い」ではない。また、私的経営や私的所有のまとう外殻は、その内実にそぐわないものとなっている。それは、人為的に除去するのを遅らせれば、どうしても腐敗せずにはいられない。

（最悪の場合、日和見主義という膿腫の治療に手間取るようなら）比較的長い期間、腐った状態のまま持ちこたえることがあるかもしれないが、所詮いずれは除去されることをまぬかれない。

ドイツ帝国主義を崇拝するシュルツェ＝ゲーヴァニッツは、声高に次のように主張している。

〈ドイツの銀行に対する指導が、結局のところ一〇人あまりの人士に任せられているとするなら、それら人士の活動は国民の福祉にとって、大半の国務大臣よりも重要である〉（銀行家、閣僚、産業家、金利生活者らの「からみ合い」については、忘れておいたほうが都合が良いというわけである……）。〈……我々が見てきた傾向の行き着くところを突き詰めて考えるならば、それは次のような状況である。一国の貨幣資本は銀行に集中する。銀行は相互に手を結んでカルテルを結成する。一国の資本は投資先を求めて、有価証券という形を取って流出する――。このとき、サン＝シモンの天才的言葉が現実のものとなる。「今日の生産に見られる無政府状態は、経済が統一的な規制抜きで発展しつつあるという事実に見合っている。しかしそれは、生産の秩序化に道を譲らなければならない。生産を指導することになるのは、相互に無関係な孤立した企業ではない。そのような企業は、人々の経済的需要を知らない。生産の指導という事業は、一定の社会機関が一手に引き受けることになる。社会経済の広範な領域を大所高所に立って見渡すだけの力を備えているのは、中央経営委員会である。中央経営委員会は、社会全体の便宜を図るべく社会経済の規制をおこなう。また、生産手段をそれにふさわしい人々の手に引き渡す。そして特に、生産と消費の間に常に調和が保たれるよう配慮を払う。すでに現在、経済活動をある程度整理することを任務として引き受けた機関がある。それは、銀行である」。サン＝シモンの予言が実現する日は遠い。だが我々は、実現に至る道を歩んでいるのである。これはマルクス主義である。マルクスが想像していたのと違っているが、違うのは形態だけである〉[*1]

確かにこれは、マルクスに対する立派な「反論」である。だがそれは、マルクスの緻密な科学的分析から推測へと退歩している。それは天才的な推測ではあるが、所詮は推測にすぎない。しかも、サン＝シモンに独特の。

本書の執筆時期は、一九一六年一月から六月にかけてである。最初に活字になったのは一九一七年半ば。ペトログラードのパールス社が、小冊子の体裁で刊行した。フランス語版とドイツ語版の序文は、一九二一年に「共産主義インターナショナル」誌の第一八号に掲載された。

本書は、上記小冊子のテキストと照合した草稿に基づいている。フランス語版とドイツ語版の序文は、掲載誌のテキストに拠る。

帝国主義論原註＊

第一章

1 『ドイツ帝国年鑑』（一九一一年、ツァーン社刊）に拠る。
2 『アメリカ合衆国統計集』一九一二年版、二〇二頁。
3 『金融資本論』（ロシア語版）二八六～二八七頁。
4 ハンス・ギデオン・ハイマン『ドイツ製鉄業における複合企業』（シュットガルト、一九〇四年）二五六、二七八～二七九頁。
5 ヘルマン・レヴィ『独占企業、カルテル、トラスト』（イェーナ、一九〇九年）二八六、二九〇、二九八頁。
6 T・フォーゲルシュタイン「資本主義産業の金融機関および独占の形成」。『社会経済学要綱』（チュービンゲン、一九一四年）第六章所収。同じ著者の以下の文献も参照のこと。『英米の製鉄および繊維産業における組織形態』第一巻（ライプチヒ、一九一〇年）。
7 リーサー博士『ドイツの大銀行とその集中化―ドイツ経済の全般的発展との関連で』

（第四版、一九一二年）一四九頁。R・リーフマン『カルテルとトラスト、そして国民経済構造の発達』（第二版、一九一〇年）二五頁。

8 フリッツ・ケストナー博士『強制された組織形成―カルテルと一般企業との闘争に関する研究』（ベルリン、一九一二年）一一頁。

9 R・リーフマン『持ち株会社と金融会社―現代資本主義と証券の研究』（第一版、イェーナ、一九〇九年）二一二頁。

10 同右書二一八頁。

11 S・チールシキー博士『カルテルとトラスト』（ゲッチンゲン、一九〇三年）一三頁。

12 T・フォーゲルシュタイン『英米の製鉄および繊維産業における組織形態』二七五頁。

13 『タバコ産業に関する委員会報告』（ワシントン、一九〇九年）二六六頁。パウル・ターフェル博士『北アメリカのトラストと、技術革新に対するその影響』（シュツットガルト、一九一三年）四八頁から再引用。

14 同右書、四八～四九頁。

15 リーサー、前掲『ドイツの大銀行とその集中化』（第三版）五四七頁。新聞各紙（一九一六年六月）で、ドイツ化学産業を統合する新たな巨大トラストの結成が報道されている。

16 ケストナー、前掲『強制された組織形成』二五四頁。
17 L・エシュヴェーゲ「セメント」『銀行』誌、一九〇九年、第一号、一一五頁以下。
18 ヤイデルス『ドイツ巨大銀行と工業界の関係―金属部門の場合』(ライプチヒ、一九〇五年)二七一頁。
19 リーフマン、前掲『持ち株会社と金融会社』四三四頁。
20 同右書、四六五〜四六六頁。
21 ヤイデルス、前掲『ドイツ巨大銀行と工業界の関係』一〇八頁。

第二章

1 アルフレート・ランスブルク「ドイツの銀行活動の五年」『銀行』誌、一九一三年、第八号、七二八頁。
2 シュルツェ゠ゲーヴァニッツ「ドイツの信用銀行」『社会経済学の基礎』(チュービンゲン、一九一五年)一二頁、一三七頁。
3 R・リーフマン『持ち株会社と金融会社―現代資本主義と証券の研究』(第一版、イェーナ、一九〇九年)二一二頁。

4　アルフレート・ランスブルク「ドイツ銀行業における持ち株制度」『銀行』誌、一九一〇年、第一号、五〇〇頁。
5　オイゲン・カウフマン『フランスの銀行業』（チュービンゲン、一九一一年）三五六頁、三六二頁。
6　ジャン・レスキュール『フランスにおける貯蓄』（パリ、一九一四年）五二頁。
7　アルフレート・ランスブルク「三億をもつ銀行」『銀行』誌、一九一四年、第一号、四二六頁。
8　チールシキー、前掲『カルテルとトラスト』一二八頁。
9　アメリカ国家通貨委員会の資料、『銀行』誌、一九一〇年、第二号、一二〇〇頁。
10　アメリカ国家通貨委員会の資料、『銀行』誌、一九一三年、八一一頁、一〇二二頁。一九一四年、七一三頁。
11　『銀行』誌、一九一四年、第一号、三一六頁。
12　オスカー・シュティリヒ博士『貨幣と銀行業』（ベルリン、一九〇七年）一六九頁。
13　シュルツェ゠ゲーヴァニッツ「ドイツの信用銀行」『社会経済学の基礎』（チュービンゲン、一九一五年）一〇一頁。

14 リーサー、前掲『ドイツの大銀行とその集中化』（第四版）六二九頁。
15 シュルツェ＝ゲーヴァニッツ「ドイツの信用銀行」『社会経済学の基礎』（チュービンゲン、一九一五年）一五一頁。
16 『銀行』誌、一九一二年、第一号、四三五頁。
17 シュルツェ＝ゲーヴァニッツの『社会経済学の基礎』一五五頁から再引用。
18 ヤイデルス、前掲『ドイツ巨大銀行と工業界の関係』。リーサー、前掲『ドイツの大銀行とその集中化』。
19 ヤイデルス、前掲書、一五六〜一五七頁。
20 フランスの銀行に関するオイゲン・カウフマンの論文、『銀行』誌、一九〇九年、第二号、八五一頁以下。
21 オスカー・シュティリヒ『貨幣と銀行業』（ベルリン、一九〇七年）一四七頁。
22 ヤイデルス、前掲書、一八三〜一八四頁。
23 ヤイデルス、前掲書、一八一頁。

第三章

1 R・ヒルファーディング『金融資本論』(ロシア語版、モスクワ、一九一二年)三三八〜三三九頁。

2 R・リーフマン、前掲書、四七六頁。

3 ハンス・ギデオン・ハイマン『ドイツ製鉄業における複合企業』(シュツットガルト、一九〇四年)二六八〜二六九頁。

4 リーフマン、前掲『持ち株会社と金融会社』(第一版)二五八頁。

5 シュルツェ＝ゲーヴァニッツ、前掲『社会経済学の基礎』第二部、一一〇頁。

6 L・エシュヴェーゲ「子会社」『銀行』誌、一九一四年、第一号、五四五頁。

7 クルト・ハイニヒ「電機トラストの道」『ノイエ・ツァイト』、一九一二年、第三〇巻、第二号、四八四頁。

8 E・アガート『大銀行と世界市場。世界市場における大銀行の経済的、政治的意味—ロシア国民経済と独露関係に対する影響の視点から』(ベルリン、一九一四年)。

9 リジス『フランスにおける金融寡占制に反対して』(第五版、パリ、一九〇八年)一一頁、一二頁、二六頁、三九頁、四〇頁、四八頁。

10 『銀行』誌、一九一三年、第七号、六三〇頁。
11 シュティリヒ、前掲書、一四三頁。V・ゾンバルト『一九世紀ドイツ国民経済』（第二版、一九〇九年）五二六頁。
12 『金融資本論』一七二頁。
13 シュティリヒ、前掲書、一三八頁。リーフマン、前掲書、五一頁。
14 L・エシュヴェーゲ「底なし沼」『銀行』誌、一九一三年（第二巻）九五二頁。同誌、一九一二年、第一号、二二三頁。
15 「運輸トラスト」『銀行』誌、一九一四年、第一号、八九頁。
16 「銀行志向」『銀行』誌、一九〇九年、第一号、七九頁。
17 同右誌、三〇一頁。
18 右同誌、一九一一年、第二号、八二五頁 一九一三年、第二号、九六二頁。
19 E・アガート、前掲書、二〇二頁。
20 『国際統計研究所通報』第一九巻、第二分冊、ハーグ。本章最後の表の右の欄は、小国に関するデータ。一九〇二年の数字を二〇パーセント増しにしてはじき出した推定値である。

第四章

1　ホブソン『帝国主義論』、ロンドン、一九〇二年、五八頁。リーサー、前掲書、三九五頁および四〇四頁。P・アルントの論文（『世界経済資料集』第七巻、一九一六年、三五頁）。『通報』所収のネイマルク論文。ヒルファーディング『金融資本論』四九二頁。ロイド＝ジョージの英下院における演説、一九一五年五月四日（『デイリー・テレグラフ』紙一九一五年五月五日付け）。B・ハルムス『世界経済の諸問題』（イェーナ、一九一二年）二三五頁ほか。ジグムント・シルダー博士『世界経済の発展傾向』第一巻（ベルリン、一九一二年）一五〇頁。ジョージ・ペイシ「イギリスの投資…」『王立統計協会雑誌』第七四巻（一九一〇～一九一一年）一六七頁以下。ジョルジュ・ディウリッチ『ドイツの銀行の海外膨張―ドイツ経済の発展との関連』（パリ、一九〇九年）八四頁。

2　『銀行』誌、一九一三年、第二号、一〇二四～一〇二五頁。

3　シルダー、前掲書、三四六頁、三五〇頁、三七一頁。

4　リーサー、前掲書（第四版）、三七五頁。ディウリッチ、前掲書、二八三頁。

5　『アメリカ政治学社会学アカデミー年報』第五九巻（一九一五年五月）三〇一頁。同書三三一頁の記述によると、著名な統計学者ペイシは金融関係の専門誌『ステイティスト』の最新号において、イギリス、ドイツ、フランス、ベルギー、オランダが輸出した資本総額を四〇〇億ドルすなわち二〇〇〇億フランと算定した。

第五章

1 ヤイデルス、前掲書、二三二頁。
2 リーサー、前掲書。ディウリッチ、前掲書、二三九頁。クルト・ハイニヒ、前掲論文。
3 ヤイデルス、前掲書、一九二〜一九三頁。
4 ディウリッチ、前掲書、二四五〜二四六頁。
5 『銀行』誌、一九一二年、第二号、六二九頁、一〇三六頁。一九一三年、第一号、三八八頁。
6 リーサー、前掲書、一二五頁。
7 フォーゲルシュタイン『英米の製鉄および繊維産業における組織形態』一〇〇頁。
8 リーフマン『カルテルとトラスト』（第二版）一六一頁。

第六章

1　A・ズーパン『ヨーロッパの領有する植民地の領土的発展』（一九〇六年）二五四頁。

2　ヘンリー・C・モリス『植民地化の歴史』（ニューヨーク、一九〇〇年）第二巻、八八頁　第一巻、四一九頁　第二巻、三〇四頁。

3　『ノイエ・ツァイト』第一六巻（一八九八年）第一号、三〇二頁。

4　『ノイエ・ツァイト』第一六巻（一八九八年）第一号、三〇四頁。

5　C・P・ルーカス『大ローマと大ブリテン』（オックスフォード、一九一二年）や、クローマー伯『古代帝国主義と現代帝国主義』（ロンドン、一九一〇年）。

6　シルダー、前掲書、三八～四二頁。

7　本書一五四頁を参照のこと。

8　ワール『植民地におけるフランス』。アンリ・リュシエ『オセアニアの分割』（パリ、一九〇五年）一六五頁から再引用。

9　シュルツェ＝ゲーヴァニッツ『二〇世紀初頭の大英帝国主義とイギリス自由貿易』（ライプチヒ、一九〇六年）三一八頁。ザルトリウス・フォン・ヴァルタースハウゼンもその著書において、同様のことを述べている。ザルトリウス・フォン・ヴァルタースハウゼン

『海外投資に見る国民経済体制』（ベルリン、一九〇七年）四六頁。
10　シルダー、前掲書、第一巻、一六〇〜一六一頁。
11　J・E・ドリオ『一九世紀末の政治的、社会的問題』（パリ、一九〇〇年）二九九頁。

第七章

1　『ノイエ・ツァイト』第三二巻（一九一四年）第二号、一九一四年九月一一日付け、九〇九頁。同誌、一九一五年、第二号、一〇七頁も参照のこと。
2　ホブソン『帝国主義論』（ロンドン、一九〇二年）三三四頁。
3　『ノイエ・ツァイト』第三二巻（一九一四年）第二号、一九一四年九月一一日付け、九〇九頁。同誌、一九一五年、第二号、一〇七頁も参照のこと。
4　『ノイエ・ツァイト』（一九一五年）第一号、一九一五年四月三〇日付け、一四四頁。
5　R・カルヴァー『世界経済入門』（ベルリン、一九〇六年）。
6　『ドイツ帝国統計年鑑』一九一五年版。『鉄道事業記録集』（一八九二年）。一八九〇年度に関しては、各国の植民地において鉄道がどのように分布しているかについて、一部を概算で算定せざるを得なかった。

7 エドガー・クラモンド「経済から見た大英帝国とドイツ帝国の関係」『王立統計協会雑誌』一九一四年七月、七七七頁以下も参照のこと。

第八章

1 ホブソン、前掲書、五九頁、六二頁。
2 シュルツェ＝ゲーヴァニッツ、前掲『二〇世紀初頭の大英帝国主義とイギリス自由貿易』三三〇頁ほか。
3 ザルトリウス・フォン・ヴァルタースハウゼン『海外投資から見た国民経済体制』（ベルリン、一九〇七年）第四分冊。
4 シルダー、前掲書、三九三頁。
5 シュルツェ＝ゲーヴァニッツ、前掲『二〇世紀初頭の大英帝国主義とイギリス自由貿易』一二二頁。
6 『銀行』誌、一九一一年、第一号、一〇～一一頁。
7 ホブソン、前掲書、一〇三頁、二〇五頁、一四四頁、三三五頁、三八六頁。
8 ゲルハルト・ヒルデブラント『揺らぐ産業支配と産業社会主義』（一九一〇年）二二九

頁以下。

9 シュルツェ＝ゲーヴァニッツ、前掲『二〇世紀初頭の大英帝国主義とイギリス自由貿易』三〇一頁。

10 『ドイツ帝国統計』第二一一巻。

11 ヘンガー『フランスの投資』（シュツットガルト、一九一三年）。

12 グールヴィチ『移民と労働』（ニューヨーク、一九一三年）。

13 マルクスとエンゲルスの往復書簡集、第二巻、二九〇頁、第四巻、四三三頁。K・カウツキー『社会主義と植民地政策』（ベルリン、一九〇七年）七九頁。この小冊子が書かれたのは、はるか昔、カウツキーがまだマルクス主義者だった頃のことである。

14 ロシアの社会主義的排外愛国主義は、ポトレソフ、チヘンケリ、マスロフらの諸氏やそれに類する輩《やから》が支持している。支持の仕方はさまざまである。公然たる支持もあれば、隠然たる支持もある（後者の例としては、チヘイーゼ、スコーベレフ、アクセリロード、マルトフの諸氏）。ロシア社会主義的排外愛国主義の発生基盤は、ロシア版日和見主義である。つまり解党主義である。

第九章

1 『世界経済資料集』第二巻、一九三頁。

2 J・パトゥイエ『アメリカ帝国主義』(ディジョン、一九〇四年)二七二頁。

3 『国際統計研究所通報』第一九巻、第二分冊、二二五頁。

4 カウツキー『民族国家、帝国主義国家、国家連合』(ニュルンベルク、一九一五年)七二頁、七〇頁。

5 『金融資本論』五六七頁。

6 『銀行』誌、一九〇九年、第二号、八一九頁。

7 『ノイエ・ツァイト』一九一五年四月三〇日付け、一四四頁。

8 デイヴィッド・ジェイン・ヒル『外交史―ヨーロッパの国際的発展の中で』第一巻、X頁。

9 シルダー、前掲書、一七八頁。

10 『金融資本論』四八七頁。

第一〇章

1 シュルツェ゠ゲーヴァニッツ、前掲『社会経済学の基礎』一四六頁。

付録

バーゼルにおける国際社会主義者臨時大会（一九一二年一一月二四～二五日）の宣言

（井出万秀訳）

インターナショナルは、シュツットガルトおよびコペンハーゲンの大会において、すべての国々のプロレタリアに向けて、戦争に反対する闘いのための基本方針として以下のことを確認した。

〈戦争勃発の危機が差し迫ってきた場合、関係各国の労働者階級とその議会代表は次の責務を負う。すなわち、インターナショナル事務局が行う包括的活動の支援を仰ぎ、労働者階級とその議会代表らにとって最も効果的と思われる手段を行使し、戦争勃発を阻止するため全力を尽くさなければならない。この手段は、当然のことながら、階級闘争や政治状況一般の先鋭化に応じて変わりうるものである。

それにもかかわらず万が一戦争が勃発した場合、責務は次のようなものとなる。戦争を早期に終結させるため断固立ち上がること。全力を尽くして、戦争によってもたらされる経済的、政治的危機を、民衆決起のために最大限に活用すること。それによって、資本家階級支配の打倒を促すことに尽力すること〉

最近の諸事件に直面して、プロレタリアートはこれまでにもまして、自分たちの計画的かつ協調的な行動に最大の力とエネルギーを注ぎ込むという責務を負うこととなった。一方では、狂気の沙汰の軍拡熱が蔓延し、食糧品の激しい高騰を招いた。そのため階級間の対立が激化し、労働者階級は抑えがたい怒りをつのらせている。労働者は、この不安と浪費の体制をもうこれ以上野放しにしておけないという気持ちに駆られている。もう一方では、絶え間なく繰り返される戦争勃発の危機に刺激され、労働者はますます感情をたかぶらせている。ヨーロッパ列強国民は絶えず互いに反目しあっている状況にある。ところが人間性と理性をないがしろにするこの反目を、民族の利害などといった取るに足らぬ口実だけで正当化するわけにはいかないのである。

バルカン危機は、これまでに驚くべき蛮行をもたらした。この危機は、エスカレートするならば、文明とプロレタリアートにとってこの上なく恐ろしい危険を意味するであろう。同時に、この危険は世界史上最大の汚点となろう。というのも、計り知れない規模の破局になろうかというのに、奪い合っている利益はこのうえなく些細であって、そこに極端な落差があるからだ。

それゆえに大会は、次の点が確認できたことを満足のいく成果ととらえている。すなわち、すべての国々の社会主義政党と労働組合は、戦争に反対して闘うことについて完全に意見の一致をみたのである。

すべての国々のプロレタリアが、帝国主義に反対する闘いのために同時に立ち上がった。インターナショナル各国支部に促されて、プロレタリアートが自国政府に対して抵抗するようになった。また、それぞれの国の世論が、戦争を望むいかなる誘惑にも抵抗するよう動員された。こうして、すべての国々の労働者のすばらしい協調が生まれたのである。このような協調はすでにこれまで大いに、脅かされた世界平和を救うことに貢献してきた。支配階級は、世界戦争に続いてプロレタリア革命が起こりはしないか恐れている。そのような恐怖が、平和のための本質的な担保であることが明らかになった。

それゆえ社会民主主義政党に、各自の目的に合致すると思われるあらゆる手段を用いて各自の行動を継続することを求める。この協調的行動において、各国の社会主義政党にそれぞれの任務を課すこととする。

バルカン半島の社会民主主義政党は困難な任務を負っている。ヨーロッパ列強が組織的な策略を講じたことも手伝って、トルコにおいてあらゆる改革が挫折し、耐え難いほどの経済、国家、政治状況が生じた。そして、この状況は必然的に、激しい怒りと戦争に至らざるをえなかった。このような状況を食い物にして各国の王朝とブルジョア階級が肥え太るのを防ぐため、バルカンの社会主義政党は英雄的な勇敢さで民主主義的な連邦制の要求を掲げたのである。この尊敬に値する姿勢を堅持することを、バルカンの社会民主主義政党に求める。また、バルカンの社会民主主義に対し、このような恐るべき犠牲を払ってバルカン戦争から得た成果を守るために全力を注ぐことを期待する。さもないと、戦後、バルカン諸国の王朝、軍国主義、そして覇権欲に取り憑かれたブルジョアジーが私欲のためにそのような成果を悪用するであろう。また、バルカンの社会主義者に要請する。セルビア、ブルガリア、ルーマニア、ギリシアの間に古くからある民族敵対関係が装いを新たにすることに特に反対しなければならない。それのみならず、現在敵陣営にいるバルカン民族、すなわちトルコ人とアルバニア人に対するいかなる迫害にも反対しなければならない。したがって、バルカンの社会主義者は次の任務を担う。これら民族に対するあらゆる形の権利の蹂躙《じゅうりん》と闘うこと。くびきをほどかれた排外主義を抑えつつ、アルバニア人、トルコ人、ルーマニア人も含めたすべてのバルカン民族の友好を宣言すること。

オーストリア、ハンガリー、クロアチア・スロヴェニア、ボスニア・ヘルツェゴヴィナの社会民主主義政党は、ドナウ帝国がセルビアを攻撃するのを防ぐべく、自分たちの効果的な行動を全力で継続する責務を担う。また、従来と同様これからも、オーストリア＝ハンガリーの策略に対抗することを任務とする。同国は、セルビアから武力でもって戦争の成果を奪うこと、セルビアをオーストリアの植民地のひとつに転化すること、ハプスブルク家の利益のために、自国ばかりでなく、ヨーロッパのすべての国民を最大の危険に巻き込んでしまうことも辞さない。オーストリア＝ハンガリーの社会民主主義政党は将来も、ハプスブルク家に支配されている南スラブ地域が、オーストリア＝ハンガリー帝国内において、民主的民族自決の権利を勝ち取れるよう戦うことになろう。

オーストリア＝ハンガリーの社会民主主義政党は、イタリアの社会主義者と同様、特段の注意をアルバニア問題に向ける必要がある。大会は、アルバニアの民族自治の権利を認める。しかし、自治権の名の下にアルバニアがオーストリア＝ハンガリーおよびイタリアの支配欲の犠牲となってはならない。そのようなことになれば、アルバニア人は危険に直面する。そればかりか、遠からぬ将来、オーストリア＝ハンガリーとイタリアの間での平和も脅かされるかもしれない。アルバニアは民主主義的なバルカン連邦の自治国とならない限り、真に自立して生存することはできない。それゆえ、オーストリア＝ハンガリーおよびイタリアの社会民主主義者に以下のことを要求する。それぞれの国の政府がアルバニアをその影響下に組み込もうとした場合、そのような試みには必ず反対しなければならない。また、オーストリア＝ハンガリーとイタリアとの間の友好的関係を堅固にする努力を継続しなければならない。

ロシアの労働者の抗議ストライキを心から歓迎する。それは、ロシアとポーランドのプロレタリアートが、ロシア皇帝の反革命によって被った打撃から回復し始めていることの証である。ツァーリズムの犯罪的謀略を防ぐ最も強力な保障である。ツァーリズムはまず、自国の諸民族を容赦なく抑圧した。また、バルカン民族を数え切れないほど裏切り、その敵に引き渡した。そして今や、二つの恐怖の間で動揺している。一方ではツァーリズム自身に矛先が向けられるかもしれない戦争の帰結を恐れ、他方では、自らが生み出したナショナリズム運動からの圧迫を恐れて動揺しているのである。しかし、もしツァーリズムがまた自らをバルカン諸民族の解放者として見せかけようとするならば、それは、偽善的な口実のもと血みどろの戦争においてバルカンでの覇権を勝ち得たい一心からである。それ以外の動機はない。大会が、ロシア、フィンランド、ポーランドにおいて強力になりつつある都市および農村の労働者階級に期待することがある。それは、この欺瞞を暴き、ツァーリズムのあらゆる好戦的な賭けに抵抗することである。また、アルメニアに対してであれ、コンスタンティノープルに対してであれ、ツァーリズムのあらゆる攻撃を撃退し、ツァーリズムに対抗して革命的な解放戦争を新たにすることに全力を傾注することである。ツァーリズムは、ヨーロッパのあらゆる反動勢力の希望である。一方、ツァーリズムによって支配された諸民族の民主主義にとっては、最も恐るべき敵である。したがって、インターナショナルは一丸となってこの敵を滅亡させることを、自らの最も高貴な課題のひとつと見なければならない。

インターナショナルの活動において最も重要な役割はしかし、ドイツ、フランス、イギリスの労働者階級に託されることになる。目下のところこれらの国々の労働者の役割は、それぞれの国の政府に対して以下の要求を突きつけることにある。オーストリア゠ハンガリーおよびロシアへのあらゆる援助を拒むこと。また、バルカン紛争へのいかなる形の介入も避け、絶対的中立を保つこと。セルビアとオーストリアの港湾争いをきっかけとして独仏英という三つの先進文明国の間で戦争が起こるようならば、それは犯罪的な狂気であろう。ドイツとフランスの労働者は、秘密条約によって自国がバルカン紛争に介入する何らかの義務が取り決められることなどは一切認めるわけにはいかない。

しかし、万が一トルコの軍事的な破綻を端緒として、近東におけるオスマン帝国支配が動揺するようなことがあれば、全力を挙げて近東における侵略政治に抵抗することが、イギリス、フランス、ドイツの社会主義者の役割となろう。このような侵略政治はまっしぐらに世界戦争に至るであろう。それは間違いない。ヨーロッパの平和にとって最も大きな危険は、イギリスとドイツ帝国の間で人為的に醸成された敵対関係である。それゆえ、この両国の労働者がこの確執の克服に努めることを歓迎する。この目的のための最良の手段は、独英間で軍艦建造の中止や海上拿捕《だほ》権の廃止に関して協定を締結することであろう。大会はイギリスおよびドイツの社会主義者に、このような協定の成立を求めて煽動を続けるよう求める。

ドイツと英仏との間の確執が克服されれば、世界平和にとっての最大の危機は取り除かれるであろう。また、そのような確執を最大限に利用しようとするツァーリズムの覇権は揺らぐであろう。そして、オーストリア＝ハンガリーがセルビアへ侵攻することは不可能となり、世界平和が保障されるであろう。

大会は、社会主義インターナショナル全体が右の外交原則について意見が一致していることを確認する。大会は、すべての国々の労働者がプロレタリアートの国際的な連帯の力を発揮し、資本主義的帝国主義に対抗することを求める。すべての国家の支配階級に対しては、資本主義的生産形態がもたらす大衆の貧困が、戦争行為によってさらに悪化させられないよう警告する。大会は平和を強く要求する。ヨーロッパの現下の情勢および労働者階級の心理状態のもとで戦争を起こそうものなら、政府は己の存続そのものを否応なく危険にさらすことになる。そのことを忘れてはならない。各国政府は、独仏戦争がその帰結としてパリ・コミューンの革命的な勃発を伴ったこと、露日戦争がきっかけとなってロシア帝国諸民族革命のエネルギーが解き放たれたこと、陸海軍の軍拡競争がイギリスと大陸での階級紛争をかつてなく先鋭化させ、大規模なストライキを誘発したことを思い起こされたい。世界戦争の想像を絶する恐ろしさに思い至っただけでも労働者階級は、憤懣と反感を覚えないわけにはいかない。各国政府がそのことを理解しないのであれば、それは狂気の沙汰である。プロレタリアは、資本家の利益、王朝の野心、秘密条約の栄光などのためにお互いに撃ち合うことは犯罪であると感じている。

自然な推移の芽をことごとく摘み取り、それによってプロレタリアートを自暴自棄の反応に駆り立てるとするならば、政権は自らが招くことになる危機の帰結に対して全責任を負わなければならない。

インターナショナルはそのような危機を回避するために旧に倍する努力を惜しまない。インターナショナルは今後一層強く抗議の声を上げ、プロパガンダをますます精力的かつ広範囲におこなう。大会はそれゆえ、インターナショナル事務局に次のことを要請する。まず、より注意深く諸事件の進展を注目すること。また、何が起ころうとも、プロレタリア政党の間で連携を維持、強化すること。

プロレタリアートは今まさに人類の未来全体を担おうとしている。そして、そのことを自覚している。プロレタリアートは自らのすべてのエネルギーを費やして、各民族の精華が滅びるのを阻止するだろう。そのような精華は、大量虐殺、飢餓、疫病といったあらゆる惨禍に脅かされている。

したがって大会は、すべての国々のプロレタリアおよび社会主義者に——すなわち諸君に——訴える。諸君は、この決定的に重要な瞬間に諸君の声を発せよ。諸君の意志をあらゆる形で、またあらゆる場所で宣言せよ。諸君の抗議の声を力一杯議会でとどろかせよ。一致団結して大衆デモ行進を実施せよ。プロレタリアートの組織と勢力のおかげで手に入るあらゆる手段を活用せよ。政府がプロレタリアートの抱く警戒心と平和を求める熱意を絶えず目の当たりにするように画策せよ。そのようにして、搾取と大量虐殺が横行する資本主義世界に代わって民族間の博愛と平和が横溢するプロレタリア世界を示せ。

翻訳の底本は、『ドイツ労働者運動史記録および資料第四巻』(*Dokumente und Materialien zur Geschichte der deutschen Arbeiterbewegung*, Bd. IV, Berlin 1967, S.433-437)に基づくディーツ版『帝国主義論』付録(*Der Imperialismus als höchstes Stadium des Kapitalismus*, Dietz Verlag Berlin, 1986, S.147-155)。

解説

角田安正

本書を一読すれば分かることだが、ドイツ社会民主党の理論家カール・カウツキーに対するレーニンの攻撃は、尋常ではない。レーニンは本書の中で、カウツキーはマルクス主義を放棄したと繰り返し力説する。カウツキーに対する批判は、ほとんど偏執的と言っても構わないほど執拗である。

ところが『帝国主義論』は、当初から現在の形だったわけではない。初版本(一九一七年刊行)のカウツキー攻撃は、『レーニン全集』第五版に基づく本書に比べれば、少々おとなしいものだった。それは、次のような出版の経緯による。本書序文にレーニンがみずから記しているように、本書の執筆時期は一九一六年の前半、まだ帝政が倒れる前のことであった。レーニンは、本書をサンクト・ペテルブルグで合法的に出版したいと考えていた。しかし、レーニンは当時、チューリッヒで亡命生活を余儀なくされていたので、出版社との交渉はだれかに託さなければならなかった。その役割を任されたのは、姉のアンナであった。アンナは草稿を一読して、ただちに判断した。このままでは出版の契約を得られない。なにしろ原稿は、カウツキーに対する怒りの言葉で埋め尽くされているではないか。カウツキーを罵倒する文言は削除するしかない。アンナは独断でそのように出版方針を決めた。レーニンも、とにかく出版したい一心だったので、いやいやながらアンナの判断に従うことにした。こうして、カウツキーに対する悪罵を一部削除した版が出来上がった（ロバート・サーヴィス『レーニン』上巻、岩波書店、三二七頁）。それは予定よりも遅れて一九一七年半ば、ようやく出版に至った。

『レーニン全集』第五版に収められている『帝国主義論』は、基本的には元の草稿に基づいている。したがってカウツキー批判は、元どおりの厳しいものとなった。それは否応なく目につく。本書前半こそ、先行研究に依拠しつつ帝国主義の概説をおこなっているが、後半になると、それは単なる前置きだったのかと思えるほど、カウツキーに対する批判が繰り返される。しかも非常に執念深く。なぜレーニンは、カウツキーとカウツキー主義に対して猛烈な批判と攻撃を加えなければならなかったのだろうか。

もちろん、答えをレーニンの個人的な性格に求めることは可能である。レーニンの著書一般を読むと分かることだが、レーニンの自説の正しさに対する確信ないし自信には、恐るべきものがある。頑迷と言っても過言ではない。そして、そのことの裏返しとして、レーニンの論敵や反対者に対する攻撃や糾弾は徹底的である。論敵を罵る言葉は、実にどぎつい。一例を挙げると、「屑、卑劣漢、おしゃべり屋、ユダ、人でなし、豚、犬、売春婦、白痴、間抜け、腐った卵、こそ泥、けもの」等々、枚挙にいとまがない（鈴木肇『人物ロシア革命史』恵雅堂出版、二四九頁）。このように、飽くことなく論敵を攻撃し痛罵するレーニンの性癖が、本書においても噴出しているにすぎない、という見方も成り立つだろう。

しかし、それだけでは必要十分な説明にはならないだろう。当時のロシアおよび国際情勢には、仮借なきカウツキー批判を強いる客観的な条件もあったはずである。以下、その点を明らかにしたい。そのためには、まず、カウツキー主義がドイツ・マルクス主義においていかなる位置を占めているのかについて簡単に触れておかなければならない。

一八七〇年代、八〇年代のドイツでは、急速に資本主義が発達を遂げ、資本が集中化する一方で労働者が窮乏化するなど、カール・マルクスが描いた典型的な資本主義の様相を呈していた。だが一八九〇年代になると、ドイツ経済が急速に成長した結果、労働者は経済的繁栄のおこぼれを頂戴した。また、ビスマルク首相以来の社会保障政策も労働者を懐柔するのに役立った。そのような社会経済事情の変化の影響を受けてドイツ社会民主党の中にも、修正主義的な傾向が生じた。修正主義とは、暴力革命に頼らずに漸進的に社会主義の実現を図ろうとする思想や運動である。

ドイツでは、修正主義勢力が正統派マルクス主義勢力より優勢になることはなかったが、正統派マルクス主義の看板を掲げるカウツキーら党主流も、修正主義的な傾向をまぬかれていたわけではない。彼らは、プロレタリア革命を主体的に推進する気構えはなかった。ただ単に革命の機が熟すのを、手をこまねいて傍観しているだけだった。その点では、彼らの本質は修正主義とさほど変わらないものだった。

このようなカウツキー派の正体が誰の目にも明らかになったのは、第一次世界大戦勃発後のことである。戦争が始まると、ドイツ社会民主党は従来の戦争反対の姿勢を翻し、帝政政府の戦争遂行政策に協力する旨、党内で決定した（一九一四年八月三日）。そして翌日、帝国議会で政府の軍事予算案に賛成した。ここに同党は馬脚を現し、反政府蜂起を起こす意志がないことを露呈した。これは、戦前の社会民主党の姿勢をみずから踏みにじるものであった。同党は戦前、基本的に戦争に反対する方針を打ち出していた。そして、万が一戦争が勃発した場合には、経済的、政治的危機を利用して革命を起こし、資本家階級を打倒することを目標として掲げていた。ドイツ社会民主党のそのような姿勢は、同党を主要構成メンバーとする第二インターナショナルの基本方針（たとえば、本書二六九～二八〇頁掲載のバーゼル宣言）からも確認できる。

ドイツ社会民主党が戦争および革命に関する基本方針を覆したことは、ボリシェヴィキ、特にその指導者であるレーニンに大きな衝撃を与えた。同党の背信行為を知ったとき、レーニンはそれをドイツ参謀本部の偽情報だとしてまったく信じようとしなかったほどだという（トロツキー『わが生涯』岩波文庫上巻、四五八頁）。レーニンがドイツ社会民主党の理論面での指導者であるカウツキーを裏切り者として激しく攻撃するようになったのは、このときからである。

レーニンの激烈なカウツキー批判は、ロシア・マルクス主義者の西ヨーロッパ革命待望論の裏返しである。当時ロシアのマルクス主義者は、ロシア一国で革命を成就するのは難しいとの見方でほぼ一致していた。それらの見方の中で最も極端だったのが、トロツキーの永久革命論である。トロツキーは、ロシア革命の成功にとって西ヨーロッパの革命は不可欠な条件であると見ていた。つまり、西ヨーロッパにおいて革命が成就しない限り、ロシアの革命は失敗必至、というわけである。レーニンはトロツキーの永久革命論とは一線を画しており、西ヨーロッパの革命を絶対視することはなかった。しかし、西ヨーロッパにおける革命を待望していたことは確かである。だからこそレーニンの目には、ドイツ社会民主党の「裏切り」は許しがたいものと映ったのである。レーニンは、『帝国主義論』を始めとする一連の著作において、カウツキー個人およびカウツキー主義に対する敵意と憎悪をあからさまに表明した。

レーニン率いるボリシェヴィキは、国外の重要な盟友を失っただけではない。革命戦術の再構築を迫られることになった。革命の緊迫性が見られず、したがって革命的プロレタリアートも存在しないのであれば、革命マルクス主義は破綻する。ドイツにおいて革命の展望が遠のいた以上、レーニンとしては、客観的に革命が迫っているということをあらためて証明しなければならなかった。つまり、新たな革命理論が必要になった。レーニンが『帝国主義論』を執筆し、執拗にカウツキーとカウツキー主義を攻撃した理由は、その点にもある。

レーニンが『帝国主義論』において説くところによれば、資本主義は帝国主義によって支えられなければ立ち行かない。だから、資本主義国は帝国主義に向けて邁進する。帝国主義は世界分割を導く。遅れて発達した資本主義国は世界の再分割を要求する。よって、帝国主義列強間で戦争が起こる。

レーニンは本書における立論をその点でとどめているが、第一次世界大戦のさなかに書かれた一連の論文を読むと、レーニンが次のように考えていたことが分かる。ロシアは後進国であるので、社会主義革命を即座に成就するための前提条件を備えていない。したがって、ロシアのマルクス主義者は、帝政政府が戦争に敗北することを通じて社会主義革命を実現しなくてはならない――。要するに、ロシアにおける革命が不可避であることの証明を迫られたレーニンは、革命の前提条件として、帝国主義戦争におけるロシア帝政政府の敗北が必要であると力説しているわけである。ところが、敗北するためにはまず帝国主義戦争がおこなわれることが大前提となる。言うまでもなく、戦争がなければ敗北もないからである。このようにしてレーニンは、ほとんど詭弁に近いような形でようやく新たな革命理論を組み立てたわけである。

したがってレーニンにしてみれば、右の立論の大前提となる部分を否定したり覆したりする見解を許すわけにはいかなかった。レーニンが「超帝国主義論」を唱えるカウツキーをこれでもかこれでもかと攻撃したのは、まさにそれゆえである。なにしろカウツキーは、新たな超帝国主義的な政策をもって今日の帝国主義的な政策を排除することも可能だと主張していたのだから。カウツキーは、国籍に縛られていた金融資本同士が内紛に終止符を打ち、国際的に統合された金融資本となって世界を共同で搾取するようになることもあり得ると考えていた（本書二二一頁）。このような見解を黙認するなら、帝国主義戦争を避けることが可能であること、したがって革命の客観的条件が整っていないことを認めるに等しい。それは、ロシアの革命マルクス主義の破綻につながる。レーニンがカウツキー主義を論破しようと必死になった背景には、このような事情があったのである。

＊　＊　＊

ところでレーニンは、自説に対する絶対の自信に妨げられて、せっかく真を衝きかけながら、それを掘り下げて検討するのを怠ることがよくあった。本書にもそのような事例が見受けられる。それは、資本主義国が植民地なしで存立可能か否かという問題をめぐる議論である。レーニンが本書において展開した立論に従うなら、いずれの資本主義国も植民地なしには立ち行かないということになる。本書第四章の冒頭を見てみよう。

〈資本主義体制のもとでは、農業は発達を遂げられない。そして、いかなる点でも工業から恐ろしく後れを取る。一般大衆の生活水準も改善されない。それどころか、目もくらむような技術的進歩にもかかわらず、食べ物にも事欠くような赤貧状態に置かれる。仮に、そうした現実と逆に、資本主義が農業の発展をもたらし生活水準の向上を促すと仮定しよう。その場合は言うまでもなく、過剰資本について云々することはできない。（中略）実際には、資本主義が資本主義である限りにおいて、過剰資本は、その国の一般大衆の生活向上に振り向けられることはない。というのも、そのようなことをすれば、資本家の利潤が減少するからである。過剰資本は、利潤を拡大する方向に振り向けられる。それは、後進国に対する資本輸出を通じておこなわれる。これらの後進国では通常、利潤は大である〉（本書一二四〜一二五頁。訳し方は、本文と一部異なる）

レーニンのこの説明は、二〇世紀初頭の世界情勢に関しては、正鵠を射ている。だが、第二次世界大戦後、より正確に言うなら世界の植民地の独立以降に関しては、もはや有効ではない。それは明らかである。というのもイギリス、アメリカ、ドイツ、オランダ、日本など、かつての帝国は植民地を失いながらも経済的な繁栄を実現したからである。

一見するところ、レーニンの予測は外れたかのように見える。しかし右の引用文をよく読むと、実はレーニンも、資本主義が農業の発展をもたらし、赤貧状態にある一般大衆の生活水準の向上を促すならば、過剰資本を輸出する必要はなくなると考えていたことが分かる。つまり、資本主義国が蓄積した資本を国内に投資し、同時に所得の再分配をおこなうなど、資本主義を修正するなら、帝国主義抜きでもやっていけるということである。理論的な可能性としてではあったが、とにかく資本主義の生き残りの道をそのように読んでいた点でレーニンは正しかった。

しかし、そのようなシナリオはあくまでも経済面に限った仮定の話であって、現実にはあり得ない。なぜなら、資本主義の修正を担保する政治的メカニズムは存在しないから。レーニンは、そう確信していた。そのことは、J・ホブソンの所論に対するレーニンの反応ぶりに窺うことができる。ホブソンは、帝国主義的政策を抑制ないし是正するための処方箋として民主主義の強化を訴えていた。そうすることによって、一国内において帝国主義的な勢力が私的利益のために国家機関を利用するのを防ぐことができる、と考えたのである。だがレーニンは、ホブソンの提唱した処方箋を歯牙にもかけなかった。おのれの見解に固執するあまり、自説と異なる社会の発展のシナリオを綿密に検討してみようとはしなかったのである。

もっとも、レーニンにとって不公平にならないよう、ここで一言付け加えておかなければならない。それは、第二次世界大戦後、資本主義国が資本主義の修正に応じたのは、ソ連という巨大な社会主義国の経済的成功が一因だったということである。

ソ連の計画経済は、少なくとも一九六〇年代初めまでは、ソ連国民の福祉の向上に大きく貢献した。その結果、資本主義国ではだれもが、資本主義に代わる経済体制が現存するということを認識するようになった。そして、そのような経済体制を志向する人々の支持を得て、左翼政党が議会において一定の勢力を保った。それらの政党は、資本家ないし支配エリートの利益を代弁する保守政党を監視または抑止する役割を果たした。場合によっては、政権を握ることすらあった。したがっていずれの資本主義国の支配エリートも、資本家側の利益追求にばかり迎合するわけにはいかなくなった。そして、労働者の利益にも目配りすることが必要になった。しかも小手先ではなくて根本的に。このように資本主義諸国では、ソ連の経済体制とそれに傾倒する国内の政治勢力の影響を受けて、資本主義の制度的な修正を余儀なくされたのである。レーニンに、ここまで見通すべきだったと要求することは、ない物ねだりである。

いずれにせよ、資本主義の変容を迫った社会主義経済体制は、一九九一年のソ連崩壊後、世界のごく一部の国を例外として姿を消した。社会主義経済を意識する必要のなくなった資本主義は、マルクスの描いた資本主義、つまりレーニンが理解していた資本主義に近づきつつあるようにも見える。今、あらためてレーニンの『帝国主義論』を読む意義が復活しているように思われる。

レーニン年譜（一九一七年までユリウス暦）

一八七〇年（明治三年）
四月一〇日、ヴォルガ川中流のシンビルスク市で生まれる。父親（イリヤ・ウリヤーノフ）は教育行政官。普仏戦争（〜一八七一年）。翌一八七一年、パリ・コミューン。

一八七九年（明治一二年）　九歳
シンビルスク古典中学（ギムナジウム）に入学、ラテン語と古典ギリシア語を中心とした授業を受ける。

一八八六年（明治一九年）　一六歳
この頃、信仰心を失う。一月、父イリヤが脳溢血で急逝。五月、兄アレクサンドルが皇帝アレクサンドル三世暗殺未遂事件に連座して絞首刑に。六月、ギムナジウムを優秀な成績で卒業。

一八八七年（明治二〇年）　一七歳
八月、カザン大学法学部に入学。一二月、学生運動に参加して退学処分を受ける。翌年初めにかけてチェルヌイシェフスキー著『何をなすべきか』を読む。

一八八八年（明治二一年）　一八歳
カザンで地元のマルクス主義組織に出入りし、『資本論』を読む。
一八八九年（明治二二年）　一九歳
サマラ市に転居。『共産党宣言』の翻訳を試みる。第二インターナショナル成立。
一八九一年（明治二四年）　二一歳
露仏同盟成立。シベリア鉄道起工。
一八九二年（明治二五年）　二二歳
一月、弁護士補となる。その後、本格的な弁護士活動には従事せず。パナマ運河疑獄事件（〜一八九三年）。
一八九三年（明治二六年）　二三歳
八月、家族と別れてサンクト・ペテルブルグに転居。
一八九四年（明治二七年）　二四歳
マルクス主義サークルで活動を始める。ナデジダ・クループスカヤと知り合う。
一八九五年（明治二八年）　二五歳
五月、ジュネーブでプレハーノフと接触。一二月、マルクス主義活動のかどで検挙され、拘置される。翌々年の一八九七年、流刑を申し渡され、四月、東シベリアのシューシェンスコエ村に到着。
一八九八年（明治三一年）　二八歳
七月、流刑先でクループスカヤと結婚。ロシア社会民主労働党の結成を知る。米西戦争。ファショダ事件。翌一八八九九年には南ア戦争（ブール戦争）が起こる（〜一九〇二年）。

一九〇〇年（明治三三年）　三〇歳

一月、刑期満了。ミュンヘンへ。同地で社会民主労働党の機関紙発行を目指して活動。義和団事件（〜一九〇一年）。

一九〇二年（明治三五年）　三二歳

『何をなすべきか』をN・レーニンの名で出版、「職業革命家が前衛政党を組織し労働者を指導する」旨の革命闘争の構想を打ち出す。四月、ロンドンへ移る。日英同盟成立。

一九〇三年（明治三六年）　三三歳

五月、『貧農に訴える』を出版。七月、ロシア社会民主労働党の第二回大会（事実上の結党大会）がブリュッセル、次いでロンドンで開催され、これに参加。組織原則をめぐって党分裂。以後、党指導部への絶対服従を主張するレーニン派はボリシェヴィキと自称、対するマルトフ派はメンシェヴィキと呼ばれる。

一九〇四年（明治三七年）　三四歳

日露戦争（〜一九〇五年）。バグダッド鉄道起工。

一九〇五年（明治三八年）　三五歳

一月、「血の日曜日」事件をきっかけにロシア第一次革命が勃発したのを知り、一一月、ジュネーブからペテルブルグへ戻る。

一九〇六年（明治三九年）　三六歳
ロシア各地の労働者を相手に煽動活動をおこない、警察当局の追及にあう。
四月、第一国会（ドゥーマ）が開会。
八月、フィンランドへ。

一九〇七年（明治四〇年）　三七歳
六月、ストルイピン首相が第二国会を解散、第一次革命は退潮へ。英露協商の締結により、英露仏の三国協商が成立。

一九〇八年（明治四一年）　三八歳
一月、潜伏先のフィンランドからふたたびジュネーブに居を移す。一二月、パリへ。この時期以降一九一七年に至るまで党内闘争と哲学論争に没頭。

一九〇九年（明治四二年）　三九歳
五月、『唯物論と経験批判論』を出版。
この頃、パリで仏英混血の女性イネッサ・アルマンと出会い、以後次第に親密になる。

一九一二年（大正元年）　四二歳
四月、日刊の党機関紙「プラウダ」創刊。六月、オーストリア支配下のポーランドへ。

一九一四年（大正三年）　四四歳
七月、第一次世界大戦勃発。第二インターナショナル加盟の各社会民主党、自国政府の戦争遂行政策を支持。八月、ロシア軍の進軍を知り、急ぎスイスのベルンへ逃れる。

一九一六年（大正五年）　四六歳
二月、チューリッヒに移る。七月、『帝国主義論』を脱稿。
一九一七年（大正六年）　四七歳
ロシア二月革命が勃発し三月に臨時政府が成立したことを知り、同月末、いわゆる封印列車でドイツを経由して急遽帰国。四月の党協議会で、「全権力をソヴィエトへ」の方針を打ち出す（四月テーゼ）。八〜九月、フィンランドで『国家と革命』を執筆。その後、ペトログラードに潜入。一〇月二四日夜、トロツキーとともに武装蜂起を指導。翌二五日臨時政府が倒れ、政権はボリシェヴィキの手中に（一〇月革命）。二六日のソヴィエト大会で、全交戦国の無賠償、無併合、民族自決を呼びかける「平和に関する布告」や、「土地に関する布告」を提案、採択される。人民委員会議（ソヴナルコム）議長（事実上の首相）に就任。
一九一八年（大正七年）　四八歳
一月、ウィルソン米大統領が一四ヵ条の戦後処理原則を発表。三月、ドイツとの間で講和（ブレスト＝リトフスク条約）が成立。八月、テロリストに狙撃され重傷を負う。以後、徐々に健康を損ねる。この年、土地の国有化、工業の国営化、銀行や貿易の国家管理など、戦時共産主義が始まる。

一九一九年（大正八年）　四九歳

一月のソヴナルコム布告で、農民から強制的に穀物を徴発する方針が決まる。この年、革命後から続いていた反革命勢力の攻勢が強まり、内戦が激化。第三インターナショナル（コミンテルン）成立。

一九二〇年（大正九年）　五〇歳

三月の党大会でレーニンの主張に従って、党内分派の禁止が決まり、また新経済政策（ネップ）が採択される。ネップにより経済が一部自由化され、国民経済が復興へ。

一九二一年（大正一〇年）　五一歳

健康状態が急激に悪化。

一九二二年（大正一一年）　五二歳

脳動脈の硬化が進む中、五月、最初の重い発作により右半身不随に。一二月、「大会への手紙」（いわゆる「遺書」）を口述、スターリン党書記長の解任をくわだてる。

一九二三年（大正一二年）　五三歳

三月にふたたび重い発作に襲われる。以後、政務から離れる。四月の第一二回党大会では、レーニンの「遺書」は討議に付されず。

一九二四年（大正一三年）　五三歳

一月二一日、脳軟化症で死去。

訳者あとがき

この訳書は、ソ連共産党中央委員会付属マルクス=レーニン主義研究所編『レーニン全集』第五版第二七巻（モスクワ、一九七三年刊行）の二九九〜四二六頁に収められたテキストを底本としている。ただし、巻末の付録「バーゼルにおける国際社会主義者臨時大会の宣言」は、『レーニン全集』には収められていない。この部分の底本は、同宣言末尾に記載されているとおり、ディーツ版ドイツ語訳『帝国主義論』の付録である。

本書の正式な書名は、『資本主義の最高の段階としての帝国主義——一般向け概説書——』であるが、一般には『帝国主義論』と称されているので、この光文社古典新訳文庫版の表紙でもそれに倣った。著者は言うまでもなく、ウラジーミル・イリイチ・レーニン（本姓はウリヤーノフ）。本書二五頁に記されている著者名Ｎ・レーニンは、当時のペンネームである。

ところで、マルクス経済学者の宇佐美誠次郎氏の『学問の五〇年』（新日本出版社、一九八五年）によると、レーニンの『帝国主義論』の邦訳で公刊されたものは、ソ連で出版されたものも含めて全部で四四点に上るとのことである。宇佐美氏は、訳者が同じでも訳文が大幅に変更された場合（つまり改訂版）なども一点として計算しているので、翻訳出版に取り組んだ人の実数は出版点数よりずっと少なくなる。とはいえ翻訳者の数は、十指をはるかに超えている。四四点目の副島種典訳（大月書店「国民文庫」、一九七二年）以後、『帝国主義論』の新訳は長らく出版されなかったが、一九九九年に新日本出版社から聴濤弘《きくなみひろし》訳が出版された。これが四五点目。したがって、光文社古典新訳文庫版は四六点目の邦訳ということになる。

今回の翻訳において心がけたのは、とにかくこの訳書を独立した書物にするということに尽きる。既存の邦訳は、原文（あるいは英語版やドイツ語版）を参照して読むことを前提にしていたふしがある。多分そのためであろう、文法的に正しく訳すことに汲々としている様子が窺える。ところがレーニンは、少年時代にギムナジウムでラテン語と古典ギリシア語をたたき込まれたせいであろうか、とにかく長大な文章を書く癖《へき》がある。それを、高校生の英文和訳のような調子で訳すとどうなるか。読者は一つの文を理解するために、視線を文の先頭と末尾との間で何回も往復させせなければならない。これは、大変な苦痛である。もっと言うなら、訳書を途中で放り出す原因にもなりかねない。光文社古典新訳文庫版『帝国主義論』においては、直訳調の弊に陥らないように最大限の注意を払ったつもりである。読者諸兄には、身構えることなく本書を読んでいただければ幸いである。

今回の翻訳の過程においては、さまざまな方々のご支援を仰いだ。感謝の念に堪えない。まず、本書の翻訳をご慫慂《しょうよう》くださった翻訳家の山岡洋一氏。山岡氏には訳稿全体を読んでいただき、貴重なコメントを多数頂戴した。次に、東京外国語大学の同窓生であるお三方。井出万秀立教大学教授には、巻末付録の「バーゼル宣言」(原文ドイツ語)を翻訳していただいた。薄幸夫氏には鉱工業関係の訳語について、また福澤智彦氏には金融関係の訳語に関して教えを乞うた。本書の訳文が既存の邦訳よりもいくらかでも正確で読みやすいものとなっているとすれば、それは右の皆様のおかげである。

最後になったが、光文社翻訳出版編集部の駒井稔編集長と、同社の古典新訳の企画を支える名参謀、今野哲男氏には大変お世話になった。お二方に導いていただいたおかげで、今回はいつになく仕事が快調にはかどった。厚く御礼申し上げる次第である。

リジス Lysis (Eugène Letailleur) 107, 108, 260
リーフマン Liefmann, Robert (1874-1941) 58, 59, 64, 90, 94, 95, 146, 256, 257, 260, 261, 263
リンカーン Lincoln, Abraham (1809-1865) 218
レヴィ Levy, Hermann (1881生) 41, 255
ロイド=ジョージ Lloyd George, David (1863-1945) 262
ロックフェラー Rockefeller, John Davison (1839-1937) 79, 138-141
ローズ Rhodes, Cecil John (1853-1902) 155-157, 166

ヒル　Hill, David Jayne（1850-1932）　236, 268
ヒルデブラント　Hildebrand, Gerhard（1878-1921）　205, 266
ヒルファーディング　Hilferding, Rudolf（1877-1941）　23, 31, 38, 93, 94, 105, 106, 111, 166, 194, 222, 238, 239, 260, 262
フォーゲルシュタイン　Vogelstein, Theodor（1880生）　145, 255, 256, 263
ブハーリン　Bukharin, Nikolai Ivanovich（1888-1938）　85
プレハーノフ　Plekhanov, Georgii Valentinovich（1856-1918）　121, 157
ベーア　Beer, Max（1864生）　154
ペイシ　Paish, Sir George（1867-1957）　262
ベラール　Bérard, Victor（1864-1931）　219
ベルンシュタイン　Bernstein, Eduard（1850-1932）　21
ポトレソフ　Potresov, Aleksandr Nikolaevich（1869-1934）　157, 267
ホブソン　Hobson, John Atkinson（1858-1940）　11, 23, 31, 154, 180, 181, 194, 196, 200-202, 204, 205, 208, 215, 219, 231, 232, 262, 265, 266

マ

マクドナルド　MacDonald, James Ramsay（1866-1937）　20
マスロフ　Maslov, P. P.（1867-1946）　157, 267
マルクス　Marx, Karl（1818-1883）　40, 42, 73, 209, 250, 253, 267
マルトフ　Martov, L.（1873-1923）　249, 267
ミルラン　Millerand, Alexandre（1859-1943）　21
モリス　Morris, Henry C.（1868生）　153, 264
モルガン　Morgan, John Pierpont（1837-1913）　79

ヤ

ヤイデルス　Jeidels, Otto　58, 59, 81, 82, 85, 88, 90, 134, 138, 257, 259, 263
ユイスマン　Huysmans, Camille（1871-1968）　249

ラ

ランスブルク　Lansburgh, Alfred（1872生）　115, 199, 219, 226, 227, 229, 230, 257, 258
リーサー　Riesser, Jakob（1853-1932）　65, 67, 68, 77, 94, 237, 247, 250, 255, 256, 259, 262, 263

von（1877-1942）　140
ジュデクム　Südekum, Albert（1871-1944）　157
シュルツェ=ゲーヴァニッツ　Schulze-Gaevernitz, Gerhard（1864-1943）　63, 64, 67, 77, 79, 90, 94, 167, 198, 199, 205, 213, 252, 257-260, 264, 266-268
シルダー　Schilder, Sigmund（1932没）　129, 162, 168, 198, 262, 264-266, 268
スコーベレフ　Skobelev, Matvei Ivanovich（1885-1938）　267
ステッド　Stead, William Thomas（1849-1912）　155, 156
ズーパン　Supan, Alexander（1847-1920）　151, 157, 264
スペクタートル　Spektator ナヒムソン(本名)の項を参照。

タ

ダーフィト　David, Eduard（1863-1930）　157
チェンバレン　Chamberlain, Joseph（1836-1914）　155
チヘイーゼ　Chkheidze, Nikolai Semenovich（1864-1926）　267
チヘンケリ　Chkhenkel', Akakii Ivanovich（1874-1959）　267
チールシキー　Tschierschky, Siegfried（1872生）　72, 256, 258
ディズレーリ　Disraeli, Benjamin（1804-1881）　155
デシャネル　Deschanel, Paul（1855-1922）　130
デニーキン　Denikin, Anton Ivanovich（1872-1947）　23
トマ　Thomas, Albert（1878-1932）　20
ドリオ　Driault, J. Edouard　169, 170, 265

ナ

ナヒムソン　Nakhimson, M. I.（Spektator）（1880-1938）　221, 224, 230
ネイマルク　Neymarck, Alfred　118, 119, 220, 262
ノスケ　Noske, Gustav（1868-1946）　23

ハ

ハイニヒ　Heinig, Kurt（1886-1956）　136, 260
ハイマン　Heymann, Hans Gideon　39, 40, 96, 255, 260
ハインドマン　Hyndman, Henry Mayers（1842-1921）　21
バウアー　Bauer, Otto（1882-1938）　20
ハヴマイア　Havemeyer, John（1833-1922）　106
ヒューブナー　Hübner, Otto　157

人名索引

ア

アガート　Agahd, E.　102, 103, 105, 219, 260, 261
アギナルド　Aguinaldo, Emilio（1869-1964）　218
アクセリロード　Aksel'rod, Pavel Borisovich（1850-1928）　267
ヴィルヘルム二世　Wilhelm II（1859-1941）　116
エシュヴェーゲ　Eschwege, Ludwig　112, 116, 219, 257, 260, 261
エドワード七世　Edward VII（1841-1910）　116
エンゲルス　Engels, Friedrich（1820-1895）　28, 209, 210, 211, 225, 267
オーウェンス　Owens, Michael Joseph（1859-1923）　195

カ

カウツキー　Kautsky, Karl（1854-1938）　12, 20-23, 28, 31, 56, 147, 148, 177-184, 186, 188, 189, 210, 218-224, 226, 230-240, 249, 267, 268
カーネギー　Carnegie, Andrew（1835-1919）　206
カルヴァー　Calwer Richard（1868-1927）　186, 187, 265
グヴィンナー　Gwinner, Arthur von（1856-1931）　140
クノー　Cunow, Heinrich（1862-1936）　183, 184
ケストナー　Kestner, Fritz　52-55, 256, 257
コルチャーク　Kolchak, Aleksandr Vasil'evich（1874-1920）　23
ゴンパース　Gompers, Samuel（1850-1924）　21

サ

ザルトリウス・フォン・ヴァルタースハウゼン　Sartorius von Waltershausen, August（1852-1938）　198, 264, 266
サン=シモン　Saint-Simon, Claude-Henri（1760-1825）　252, 253
ジーメンス　Siemens, Georg（1839-1901）　97
シャイデマン　Scheidemann, Philipp（1865-1939）　23
シュタウス　Stauss, Emil Georg

kobunsha classics
光文社古典新訳文庫

帝国主義論《ていこくしゅぎろん》

著者　レーニン
訳者　角田安正《つのだやすまさ》

2006年10月20日　初版第1刷発行

発行者　篠原睦子
印刷　慶昌堂印刷
製本　榎本製本

発行所　株式会社光文社
〒112-8011東京都文京区音羽1-16-6
電話　03（5395）8162（編集部）
03（5395）8114（販売部）
03（5395）8125（業務部）
www.kobunsha.com

ISBN4-334-75112-1 Printed in Japan

いま、息をしている言葉で、もういちど古典を

長い年月を生き抜いてきた古典作品には、現代の人々を導く叡智や、生きるヒント、本物の喜びがあるはずだ。私たちはそう考えました。とっつきにくい、面白くない、難解だ、などと思われてきた古典の世界に、私たちは「新訳」という新しい光を投げかけていきます。

いま、息をしている言葉で訳された古典は、面白い。この翻訳なら楽しく読める。それが、私たちの目指すところです。

困難な時代を生きている現代人は、読書に何を求めているのか。その答えがここに！　シリーズの中心は、ヨーロッパやアメリカなどの、文学作品。もちろん、アジア系やラテン系の古典も、視野に入れています。

さらに哲学や思想など、人文・社会科学の著作も、ラインナップされます。じつは翻訳の質の向上がいちばん望まれているのは、このジャンルなのです。

これまでの「名作全集」の枠にとらわれない、自由でフレッシュな作品選びと翻訳。時空、分野を超えた知恵の宝庫の扉を、いっしょに開けてみませんか。

古典新訳文庫は、感動と知的興奮の世界に、読者を誘います。

マダム・エドワルダ／目玉の話

バタイユ／中条省平・訳

訳者あとがきより——この男性的で、ぶっきらぼうで、雄勁な力にみちた文体で描かれてこそ「マダム・エドワルダ」というエロティシズムの地獄くだりの物語、絶望すれすれの精神の冒険譚はいっそう暗い輝きを増す。この文体の暗い輝き、言葉の緊張感の魅力を平明で簡潔な日本語に移すことが、拙訳の最大の野心だった。

作品について——見神体験を描いた「マダム・エドワルダ」は、一人の娼婦との出会いを通して、エロティシズムの深奥に迫る。神と性的な強迫観念をテーマに書かれた「目玉の話」は、読む者を悪魔の世界へと誘う。目玉、玉子……球体への異様な性的嗜好を持つ少年と少女の物語。**定価：本体価格419円＋税**

飛ぶ教室

ケストナー／丘沢静也・訳

訳者あとがきより——『飛ぶ教室』は、これまで児童文学として翻訳されてきた。（……）児童文学は子どもを大人から区別するようになってから生まれた。だが、私たちは「子ども」や「わかりやすさ」を必要以上に配慮することによって、逆に、子どもを小さな枠のなかに囲いこみ、子どもと大人の垣根を必要以上に高くしてしまったのではないか。

作品について——ギムナジウムの寄宿舎で起こるたくさんの悲喜劇。正義感の強いマルティン、読書家ゼバスティアン、弱虫ウーリら五人の生徒たちと、正義先生、謎のピアニスト・禁煙さんとの交流が胸に迫る。マルティンはなぜ、クリスマス休暇に残ることになったのか……。**定価：本体価格476円＋税**

カラマーゾフの兄弟1

ドストエフスキー／亀山郁夫・訳

読書ガイドより――『カラマーゾフの兄弟』の全体像を解く鍵は、なによりも「著者より」と名づけられた短い序文にある。語り手自身が「愚にもつかない御託」と書いた真意とは何か。五ページの短さながら、この文章は鬼門である。しかしここはがまんのしどころであり、作者の真意を読みとっていただきたい。

作品について――ミステリータッチの衝撃的なストーリーが展開される。父親フョードルは圧倒的に粗野で精力的、好色きわまりない男だ。ミーチャ、イワン、アリョーシャの三兄弟が父親とともに妖艶な美人をめぐって繰り広げる葛藤。アリョーシャは、慈愛あふれるゾシマ長老に救いを求める。全四分冊、以下続刊。

定価：本体価格724円＋税

光文社古典新訳文庫

永遠平和のために／啓蒙とは何か 他3編

カント／中山元・訳

訳者あとがきより――現代にいたってカントの政治哲学が真の意味でアクチュアルなものとなり始めたと言えるだろう。そのアクチュアルな意味を読み取っていただくために、あえてカントの哲学用語を使わずに翻訳することにした。カントが教えるように、何よりも必要なことは知識ではなく、「自分の頭で考える」ことである。

作品について――本書収録の「永遠平和のために」では、常備軍の廃止、国家の連合について唱える。「啓蒙とは何か」は、他人の意見をあたかも自分のように思いこむ弊害を指摘する。他の三編を含め、現在でもなお輝きを失わない、カントの現実的な問題意識に貫かれた論文集。

定価：本体価格648円＋税

イワン・イリイチの死／クロイツェル・ソナタ

トルストイ／望月哲男・訳

訳者あとがきより――訳者はトルストイの文章に、ある種の耳のよさや呼吸感覚から来る「調音」の要素を感じ、大きな興味を覚えてきました。彼の文章は、ちょうど人が無理なく呼吸しながら、メリハリをつけて読めるような、意味の区切りやアクセント付けがされているよう思います。

作品について――一九世紀ロシアの一裁判官が、「死」と向かい合う過程で味わう心理的葛藤を鋭く描いた「イワン・イリイチの死」。社会的な地位のある地主貴族の主人公が、嫉妬がもとで妻を刺し殺す――。作者の性と愛をめぐる長い葛藤が反映された「クロイツェル・ソナタ」。トルストイ後期を代表する中編二作。　定価：本体価格629円＋税

光文社古典新訳文庫

初恋

トゥルゲーネフ／沼野恭子・訳

訳者あとがきより――主人公の手記のところにさしかかったとき、手記の中身を「です・ます」調で訳したいという気持ちにかられました。最初の場面で三人が互いに丁寧な言葉遣いで話していて、一人が、手記に書いてきたものをあとで二人に読みあげるという設定です。手記は話して聞かせるような調子で書いてくるのではないか……。

作品について――十六歳の少年ウラジーミルは、ある日、隣に引っ越してきた年上の公爵令嬢ジナイーダに一目惚れする。思慕の念は日増しに募り、取り巻きの青年たちとの恋のさや当てが始まる。しかし、あるとき彼は、彼女が恋に落ちたことを知る。はたして、いったい誰と？　定価：本体価格419円＋税